Ein Motto fürs Leben

Ein Motto
fürs Leben

Was mir mein
Konfirmationsspruch
bedeutet

Herausgegeben von Uwe von Seltmann

EVANGELISCHE VERLAGSANSTALT
Leipzig

Edition DER SONNTAG

Herausgegeben in Zusammenarbeit mit der Redaktion
der sächsischen Kirchenzeitung DER SONNTAG.

Die Deutsche Bibliothek – Bibliographische Information
Die Deutsche Bibliothek verzeichnet diese Publikation in der
Deutschen Nationalbibliographie; detaillierte bibliographische
Daten sind im Internet über http://dnb.ddb.de abrufbar.

© 2008 by Evangelische Verlagsanstalt GmbH, Leipzig
Printed in Germany · H 7201
Alle Rechte vorbehalten
Cover: Schröder Design, Leipzig
Coverbild: Marzanna Syncerz – Fotolia
Layout: Barbara Gomon, Leipzig
Druck und Binden: Offizin Andersen Nexö, Leipzig

ISBN 978-3-374-02582-4
www.eva-leipzig.de

Inhalt

Vorwort des Herausgebers

Junge Menschen, die sich zum christlichen Glauben bekennen und sich für eine Mitgliedschaft in der evangelischen Kirche entscheiden, beweisen Mut. Jahrzehntelang schikanierte der DDR-Staat diejenigen, die nicht zur von der Obrigkeit verordneten Jugendweihe gingen, sondern zur Konfirmation. Diese Zeiten sind, Gott sei Dank, vorbei. Doch auch wer sich heute im Alter von 14 Jahren konfirmieren lässt, ist in Sachsen und in den anderen Regionen Ostdeutschlands in der Minderheit. Es gehört etwas dazu, zwei Jahre lang wöchentlich zum Konfirmandenunterricht zu gehen und schließlich öffentlich zu zeigen: Ich schwimme gegen den Strom, ich möchte ein Christ sein, ich bin Mitglied der evangelischen Kirche.

Das Wort »Konfirmation« kommt aus dem Lateinischen und bedeutet »Befestigung, Bekräftigung«. Junge Leute bestätigen und bekräftigen in einem festlichen Gottesdienst nun persönlich, was ihre Eltern und Paten bei der Taufe stellvertretend für sie bekannt haben: dass sie ihr Leben im Glauben an Jesus Christus gehen wollen. Aber es gibt auch nicht wenige Jugendliche – zumeist aus einer nichtchristlichen Familie stammend –, die sich erst unmittelbar vor ihrer Konfirmation taufen lassen. Zugleich kann nicht geleugnet werden, dass für zahlreiche Jugendliche der Konfirmationsgottesdienst der letzte Besuch einer Kirche für viele Jahre sein wird – sie werden, wie man sagt, aus der Kirche »hinauskonfirmiert«.

Zur Konfirmation gehören nicht nur die Aufregung, die feierliche Kleidung, die Geschenke und der Besuch der Verwandtschaft, sondern auch die Bibelverse, die den Konfirmanden mit auf den Weg gegeben werden. Manche haben sich diesen Spruch selbst ausgesucht, bei anderen haben die Eltern, die Pfarrerin oder der Pfarrer die Wahl getroffen. Dieser Bibelvers soll die Jugendlichen auf ihrem Leben begleiten, ihnen in schweren Zeiten Kraft und Trost geben und ihnen bisweilen auch zur Mahnung dienen.

Die Redaktion der evangelischen Wochenzeitung »Der Sonntag« hat sächsische Christen gefragt, was sie mit ihrem Konfirmationsspruch erlebt haben und erleben. Welche Rolle spielt er für sie? Was bedeutet er ihnen? Begleitet er sie im Alltag, oder ist er ihnen gleichgültig? Die Antworten sind so bunt und vielfältig wie das protestantische Leben in Sachsen.

Seit Pfingsten 2007 erzählen im »Sonntag« Politikerinnen und Unternehmer, Küster und Künstlerinnen unter dem Motto »Mein Spruch fürs Leben« von dem, was sie mit ihrem Konfirmationsspruch erleben. Es sind offene und ehrliche Geschichten, die auch die schwierigen Phasen im Leben nicht beschönigen und verschweigen. So ging dieses Buch aus einer Serie des »Sonntags« hervor – wie schon sein Vorgänger »Warum denn glauben …? 52 persönliche Bekenntnisse« (erschienen im November 2006). Manchem ist das Schreiben nicht leichtgefallen, einigen hat das Nachdenken über ihren Vers gar schlaflose Nächte bereitet, andere wiederum haben ihre Zusage in letzter Minute zurückgezogen. Doch eines ist allen Beiträgen gemeinsam: Es lohnt sich, über den Konfirmationsspruch nachzudenken, über ihn zu meditieren, sich an ihm zu erfreuen und sich gelegentlich auch über ihn zu ärgern.

Die Texte in diesem Buch machen Mut, den Weg im christlichen Glauben zu gehen und auf Gott zu vertrauen – auch wenn es manchmal etwas kostet. Und sie ermutigen, sich mit der Bibel zu beschäftigen. 51 verschiedene Konfirmationssprüche zeigen, welche biblischen Weisheiten über Jahrhunderte hinweg in sehr unterschiedlichen Kulturen zusammengetragen worden sind und im 21. Jahrhundert eine ungeahnte Aktualität entwickeln können. Es ist ein Gewinn, diesen Schatz zu suchen und zu finden.

Leipzig, im November 2007 *Uwe von Seltmann*

Die Pfarrerin und Journalistin **Karin Bertheau**, geboren 1963 in Stuttgart, ist Geschäftsführerin des Evangelischen Medienverbandes in Sachsen.

»Und wenn ich mal nicht glauben kann?«

Alle Dinge sind möglich dem, der da glaubt.
Markus 9, Vers 23

Nichts ist unmöglich? Na ja, so ganz stimmt das nicht. Dennoch: Selbst ausgesucht mit 13 Jahren, begleitet mich der Vers tatsächlich noch immer so, wie ich mir das damals erhofft hatte. In drei eng beschriebenen Seiten mit Bibelstellen, die uns der Pfarrer zum Aussuchen in die Hand gedrückt hatte, hatte mich der Spruch einfach angesehen und gesagt – nimm mich! Ich bin kurz und knapp und gut zu merken. Eine Umfrage in der Familie ergab, dass die Erwachsenen den ihnen zugeteilten Spruch kaum noch kannten; außer dem Großvater. Und doch der hatte zwei, weil er aus bekenntnistechnischen Gründen zweimal konfirmiert worden war. Meine größte Unsicherheit, den ausgesuchten zum eigenen Spruch zu machen, bestand eher in der Frage: Und wenn ich mal nicht glauben kann? Dann denkst du an mich, sagte der Spruch, und es wird schon wieder. Recht hat er gehabt, jedenfalls bis heute. Mit der Zeit sind diese acht Worte größer und wegweisender geworden als der damals gewünschte einfach zu merkende Mutmachspruch. Der Vers ist keine Lebensversicherung, aber er ist so was wie eine Vergewisserung in Sinnkrisen. Er schleicht sich immer wieder mal an in

Glaubens- und Lebenskrisen. Wenn ich aus eigener Kraft nicht mehr weiter weiß, meldet er sich zu Wort: Theologie studieren? Da muss ich ja vor vielen Menschen reden, sogar predigen? »Alle Dinge sind möglich …« Abitur, Führerschein, Examen bestehen? Mich in jemanden in der DDR verlieben? Nach der Wende selbst in den Osten gehen? Mich aus einer sicheren Stelle woanders bewerben? »… dem, der da glaubt.« Ja, ich habe meine Wahl nie bereut. Höchstens bei der Konfirmation selbst, denn der Pfarrer predigte ausgerechnet über meinen Vers! Vor allem redete er, jedenfalls erinnere ich mich nur noch daran, über den Mut eines jungen Menschen, solche einfachen, starken Worte als Lebensmotto zu wählen. Doch vor lauter Aufregung konnte ich kaum zuhören. Der nächste spannende Moment wartete ja schon: das laute JA zu Gott, zum eigenen Christsein-Wollen. Mein nächstes lautes »Ja« war dann das zur Ordination.

In wichtigen Situationen hat der selbst gewählte Spruch nie versagt. Er begleitet mich wirklich gut. Auf der Konfirmationsurkunde bekam er einen langen Begleiter: »Nun tritt zu mir und mache leicht, was mir sonst fast unmöglich deucht, und bring zum guten Ende, was du selbst angefangen hast durch Weisheit deiner Hände.« Auch der Liedvers tröstet. Jedenfalls hält er Menschen wie mich fest, die in beinahe alles, was sie machen, viel Herzblut, Lebenskraft und Leidenschaft legen. Gerade dann, wenn das Leiden und die Schatten groß werden wollen, besinnt sich der Glaube auf die acht Worte, beruhigt sich die Seele und lässt den Verstand wieder klarer sehen. Dafür bin ich unendlich dankbar und freue mich über diesen Glaubensbeweis, der von außen kommt, nicht verfügbar ist und den ich niemals selbst wollen, geschweige denn machen könnte. Nämlich die mich immer wieder überraschende Gewissheit: Gut und richtig leben kann ich nicht durch eigenes Wollen, durch Ehrgeiz oder Leistung. »Alle Dinge sind möglich …« bewahrt mich davor, zu früh aufzugeben, sondern auf so etwas wie die Kraft des Glaubens zu vertrauen, darauf, dass bei Gott mehr möglich ist, als Menschen alleine vermögen.

Pfarrer **Andreas Beuchel**, 1963 in Pirna geboren, ist seit September 2007 Rundfunk- und Senderbeauftragter der sächsischen Landeskirche beim MDR.

Mandarinenbaum mit süßen Früchten

Wir wollen an der Wahrheit festhalten, zu der wir uns bekennen. Denn wir haben Jesus, den Sohn Gottes.
Hebräer 4, Vers 14

Ein Spruch mit einem großen Anspruch, so denkt vielleicht mancher beim ersten Lesen.
Das ist mein Konfirmationsspruch!
Mein Vater wählte ihn aus. Von ihm wurde ich auch in der Petrikirche in Freiberg konfirmiert. Schon damals fand ich die Worte für meine Lebenssituation sehr passend. Ich war kein Mitglied der FDJ und wurde deshalb in der Schule von einigen Lehrern ständig mit Fragen nach der Wahrheit meines Glaubens konfrontiert. Das geschah oft in primitiver Art und Weise. Damals ärgerte ich mich sehr darüber und fühlte mich manchmal hilflos, weil alle meine Argumente ignoriert wurden. Es kam vor, dass ich sogar vor der Schulleitung Rede und Antwort stehen musste.
Diese Auseinandersetzungen führten damals schon zu einer intensiven Beschäftigung mit dem Glauben. Das Bekennen forderte von mir immer wieder Mut.
Manchmal dachte ich in diesen Situationen an meinen Konfirmationsspruch.

Auf den Baustellen und in der Betriebsschule während meiner Ausbildungszeit sowie bei den Bausoldaten begegneten mir Menschen, mit denen ich sehr gute und intensive Gespräche über den Glauben führte. Dabei erlebte ich, wie meine Haltung respektiert und sogar gewürdigt wurde.

Später im Theologiestudium wurde die Frage nach der Wahrheit nicht nur an biblischen, sondern auch an philosophischen und psychologischen Aussagen reflektiert.

An welcher Wahrheit sollen – wollen wir festhalten? Eine Frage, die gerade im ganz alltäglichen Leben nach Antworten sucht. Das beginnt bei der Erziehung der Kinder, erstreckt sich über das Miteinander in Familie und Beruf bis in das gesellschaftliche und politische Leben.

Für mich als Sender- und Rundfunkbeauftragten ist immer wieder interessant zu beobachten, wie unterschiedlich Meldungen und Nachrichten verbreitet werden. Beim Vergleichen einer Nachricht in den verschiedenen Medien treten manchmal ganz verschiedene Wahrheiten zu Tage. Der Wahrheitsgehalt einer Meldung ist eben auch von der Betrachtungsweise des Menschen, seiner Lebenssituation, seiner politischen Haltung und seiner Glaubensauffassung abhängig.

Eine kleine Geschichte soll das verdeutlichen:

Ein Mann kam in einen Ort, der für seine Gartenanlage berühmt war. Er traf einen alten Mann, der verständig und weise aussah. Ihn fragt er, wer ihn durch den Garten führen könnte. Der Alte winkte einen seiner Söhne heran. »Die Gartenpforte muss erneuert werden!«, sagte der Sohn, als sie den Garten betraten und zeigte anschließend bei ihrem Gang auf noch weitere schadhafte Stellen und was nicht in Ordnung war.

Enttäuscht berichtete der Besucher dem alten Mann vom schlechten Zustand des Gartens. Der weise Alte winkte einen anderen Sohn herbei. Dieser führte den Mann in einen Garten, der ihm gleich gefiel. So entdeckte er viele Schönheiten, wie zum Beispiel Rosen mit herrlich duftenden Blüten und einen Mandarinenbaum mit süßen Früchten. Begeistert berichtete der

Mann dem Alten davon und bedankte sich herzlich. Der Weise lächelte nur und fragte: »Habt Ihr nicht gemerkt, dass Ihr in ein und demselben Garten gewesen seid?«

»Wir wollen an der Wahrheit festhalten ...« Der Spruch aus dem Hebräerbrief gibt uns für die Beurteilung, was Wahrheit ist, das entscheidende Kriterium mit auf den Weg. Er stellt sie in Beziehung zu Jesus Christus.

An seinem Reden und Tun können wir uns orientieren. Er, der Sohn Gottes, hat uns Gottes Wahrheit für das Leben nahegebracht. Natürlich werden wir Menschen nie die absolute Wahrheit finden. Die bleibt Gott vorbehalten. Das macht mir die alltägliche Entscheidung darüber nicht leichter, aber hilft im Glauben an ihn immer wieder, um die Wahrheit zu ringen und mutig dafür einzutreten.

 **Georg Christoph Biller**, 1955 in Nebra (Unstrut) geboren, ist seit 1992 Thomaskantor zu Leipzig und Leiter des Thomanerchores.

Ein Zugewinn fürs Leben

Gott aber sei Dank, der uns allezeit Sieg gibt in Christus.
1. Korinther 15, Vers 57

»Gott aber sei Dank, der uns allezeit Sieg gibt in Christus« – dieser Vers ist mein Konfirmationsspruch.

Am 20. April 1970 wurde ich in der Leipziger Thomaskirche konfirmiert. Seitdem hat mich dieser Vers besonders in ausweglos erscheinenden Situationen aufgerichtet. Das Wort »Sieg« hat mir dabei viel bedeutet, zeugt es doch von einer Kraft, die man angesichts von Mutlosigkeit so dringend braucht. Uns Christen stünde es gut zu Gesicht, etwas von dieser Sieghaftigkeit zu verinnerlichen, die nicht etwa Triumph über die Mitmenschen bedeutet, sondern zunächst über die eigene Schwachheit. Der Kampf gegen das Dunkle in uns selbst, wie auch bei anderen Menschen, bekommt hier deutliche Kontur.

Angesichts des Fanatismus, den wir vor allem aus anderen Glaubensrichtungen kennen, sind wir geneigt, Worte wie »Kampf« und »Sieg« in unserem geistlichen Vokabular zu meiden. Die verhängnisvolle Vergangenheit unseres Volkes mahnt uns hier ohnehin zu besonderer Vorsicht. Doch dies darf nicht zu einer Schwächung unserer Überzeugung führen – die Auseinandersetzung mit den dunklen Seiten in uns und den Anderen bleibt

14

hart. Wer in diese Auseinandersetzung ohne Siegeswillen hineingeht, hat sie schon verloren. Diese Tatsache kennen zum Beispiel Sportler ganz genau. Doch dieser Kampf ist von anderer Qualität: Er nutzt die Schwachheit des Anderen nicht aus, sondern hilft ihm, stark zu werden. Die Überwindung des eigenen Egoismus' ist hier der Sieg – dazu brauche ich viel Kraft, nicht etwa resignierende Zurückhaltung.

Dabei ist mir der gelebte christliche Glaube die entscheidende Hilfe. Für mich ist es auch wichtig, diese Auseinandersetzung nicht mit mir allein auszumachen, sondern durch das Leben in der Gemeinschaft immer wieder neu zu gestalten. Die Mitgliedschaft in der evangelischen Kirche ist trotz ihres gelegentlich einengend wirkenden Profils ein Zugewinn für mein Leben. Ist es nicht das, was wir in der evangelischen Kirche heute vielmehr propagieren müssten, um der zunehmenden Abkehr der Menschen von den Gemeinden entgegenzuwirken? Ich glaube, dass sich der moderne Mensch, trotz der freiheitlichen Demokratie, in zunehmendem Maße in jeder nur denkbaren Abhängigkeit fühlt. Wenn die Kirche also immer noch den Eindruck erweckt, das Leben einzuengen, wird es verständlicher, warum sich so viele Menschen von ihr abwenden. In unserer kalten, technisierten Welt, wo die Sehnsucht nach Sinnhaftigkeit und Wärme immer stärker wird, müssen wir dringend neu darüber nachdenken, wie wir dem entgegenwirken bzw. eine Alternative aufzeigen können. Ich bin nicht der Meinung, dass dies durch Anpassung an den Unterhaltungsstil unserer Zeit geschehen kann, jedoch durch Einbeziehung des Menschen mit all seinen Sinnen. Deshalb ist es falsch, an der Kirchenmusik zu sparen oder kirchliche Theaterarbeit wie die der Leipziger Spielgemeinde wegzurationalisieren.

Der liturgisch geprägte Sonntagsgottesdienst sollte weiter Zentrum des christlichen Wochenablaufs sein, doch er muss als lebendig verstanden werden können. Er muss mit unserem Alltag etwas zu tun haben – einerseits, indem er sich von diesem durch Feierlichkeit abhebt, andererseits, indem er mit allen Sinnen begangen wird. Dabei spielen die äußeren Gegebenheiten – wie schöner Kirchenraum, liturgische Gewänder, Kerzen – genauso eine Rolle wie die Musik und das Mitgestalten des Gottesdienstes durch Gemeindemitglieder.

Nicht zuletzt ist die Kirche ein Kulturträger, der mehr dazu beitragen könnte, dass die Praxis unserer eigenen Kultur nicht weiter verkümmert. Die Angst vor fremden Kulturen entspringt bei uns zu einem großen Teil der eigenen Kulturlosigkeit. Wir müssen die Beschäftigung mit deutscher Kultur und Geschichte stärken, um angstfrei und deshalb respektvoll in einen wirklichen Dialog treten zu können.

Schließlich sind die Kirchen in verödeten ländlichen Gebieten die einzigen »Leuchttürme«, die von einstigem geistigen Leben künden. Die Kirche sollte hier eng mit den Kommunen zusammenarbeiten, um diese Identitätsmerkmale zu erhalten und als geistige Zentren zu fördern.

Oftmals gilt es hier nur, Vorurteile sowie Trägheit zu besiegen. Ich glaube, dass Paulus auch diesen Sieg meint, wenn er Gott dankt, »dass er uns allezeit Sieg gibt in Christus«. – Warum sollten wir zögern?

Tobias Bilz, Jahrgang 1964, ist seit September 2007 Landesjugendpfarrer der sächsischen Landeskirche.

»Da war diese Sehnsucht«

Das ist meine Freude, dass ich mich zu Gott halte und meine Zuversicht setze auf Gott den Herrn, dass ich verkündige all dein Tun.
Psalm 73, Vers 28

In meiner Heimatgemeinde Pleißa war es üblich, den Konfirmanden ihren Konfirmationsspruch als gerahmten Kunstdruck zu überreichen. Die Auswahl der Sprüche musste sich also zwangsläufig nach dem Bildangebot der »Ev. Buchhandlung Max Müller« in Karl-Marx-Stadt richten. Dass Gott diesen sehr äußerlichen Umstand dazu benutzen würde, um meinem Leben mit Psalm 73, Vers 28 eine entscheidende Richtung zu geben, war mir zu meiner Konfirmation am 19. März 1978 in keiner Weise bewusst. Ich kann auch nicht behaupten, dass die Konfirmation selbst mir tiefen Eindruck gemacht hätte. Ich war mehr damit beschäftigt, beim Hinknien eine einigermaßen gute Figur zu machen und über die Höhe der zu erwartenden Geldgeschenke nachzudenken, als mir der Bedeutung des Augenblicks bewusst zu sein. Außerdem war mir zu diesem Zeitpunkt völlig klar, dass es unmöglich eine Freude sein kann, sich zu Gott zu halten. Als Pfarrerssohn wurde ich in der Schule – im schönsten Sächsisch – nur »der Baster« genannt. Der Schuldirektor hat mich

17

meines Glaubens wegen gedemütigt und oft habe ich mich einsam gefühlt. Zuhause war ich im Pfarrhaus. Selbstverständlich habe ich das Gemeindeleben voll »ausgekostet«: Gottesdienst, Unterweisung, Bibelstunde, Posaunenchor, Junge Gemeinde, Arbeitseinsätze, »Kreuz tragen« bei Beerdigungen, Morgenandacht in der Kirche, Klavier vorspielen bei Jubelkonfirmationen und und und. Nein, es hat mir nicht wirklich Freude gemacht, mich zu Gott zu halten. Außerdem hatte ich beinahe ständig ein schlechtes Gewissen, weil es mir oft nicht gelang, meinen Eltern »keine Schande zu machen« und weil die Sehnsucht nach »der Welt« sich schwer verleugnen ließ.

Nun werden Sie sich fragen, wieso ich dann Pfarrer geworden bin und noch dazu ganz freiwillig.

Zwei einschneidende Erfahrungen haben mir den Weg dahin geebnet. Die erste war ein Bekehrungserlebnis. Ich habe eine Möglichkeit zur Beichte genutzt, um mir meine ganze innere Frustration von der Seele zu reden und Gott zu bitten, aus meinem Leben etwas Gescheites zu machen. Nach Vergebungszuspruch und Segen fühlte ich mich wie neu geboren. Da ist die Freude darüber, zu Gott zu gehören, in meinem Herzen angekommen.

Die zweite war verbunden mit dem Besuch der »Ökumenischen Kirchenwochen«, eine Art DDR-Christival. Wir waren als JG-Gruppe dort, haben Zeltplatzatmosphäre genossen und mit mehreren hundert anderen Jugendlichen Bibelarbeiten, Lobpreiszeiten und Segnungsangebote wahrgenommen. Bei diesen Gelegenheiten wurde ich mehr und mehr vom christlichen Leistungsdenken befreit. Ich begann zu verstehen, dass Gottes Liebe nicht an mein Wohlverhalten geknüpft ist.

In dieser Zeit wurde ich Leiter der Jungen Gemeinde Pleißa. Das hieß selbstverständlich, JG-Abende zu gestalten und vom Glauben zu reden. Ich fühle noch heute den Schweiß, der mir bei meiner ersten Andacht ausbrach. Nach wenigen Sätzen war ich zu Ende und musste mich verzweifelt fragen, wie der Rest des Abends rumzukriegen war. Doch bald stieß ich auf ein

Geheimnis. Immer dann, wenn ich die biblische Botschaft mit Erfahrungen des täglichen Lebens verknüpfen konnte, wurde hingehört. Diese Beobachtung stellte mich vor eine enorme Herausforderung. Einerseits galt es, das Wort Gottes auf seine Lebenstauglichkeit hin zu prüfen. Andererseits musste ich meine eigene Lebensführung im Licht der Heiligen Schrift reflektieren, mich ganz öffnen, auf ungedeckte Aussagen verzichten, ehrliche Fragen stellen und mit positiven Erfahrungen ermutigen. So verstehe ich bis heute den letzten Teil meines Konfirmationsspruches: »... *dass ich verkündige all dein Tun.*«

Bleibt noch zu erzählen, wie ich Pfarrer geworden bin. Mein älterer Bruder Johannes studierte bereits Theologie, als ich noch die Lehre als Schlosser absolvierte. Längst wuchs in meinem Herzen der Wunsch, Pfarrer zu werden. Doch wenn »der Große« am Wochenende heimkam, von furchtbaren Klausuren sprach, mühsam griechische Vokabeln paukte und überhaupt ganz bedeutungsschwer wirkte, entfiel mir vollständig der Mut. »Das schaffst du nie!« – hörte ich eine Stimme in mir sagen. Und dann war es wie ein Kampf. Ich stand an der Werkbank. Sollte das der Platz meines Lebens sein? Man kann doch Gott an jedem Fleck dieser Erde, in jedem Beruf unter allen Umständen dienen, oder? Und dann war da wieder diese Sehnsucht, ein Verkündiger der großen Taten Gottes zu werden. Schließlich habe ich mich eingeschlossen, in der kalten Bodenkammer unseres Pfarrhauses. Ich habe gebetet, geschwiegen, gewartet. Keine Stimme vom Himmel, nur Stille. Am nächsten Tag das Gleiche. Gott, wo bist du, was willst du? Und dann kam noch einmal die Angst ans Licht gekrochen; die Angst davor, ein Versager zu sein, auf der Kanzel zu stehen und nur drei Sätze sagen zu können, wieder »der Baster« und einsam zu sein. Gott hat mich mit Hilfe dieser Angst gefragt, auf wen ich denn meine Zuversicht setzen will: auf mich selbst oder auf IHN. Das habe ich freilich erst später richtig verstanden. In diesem Moment habe ich einfach einen Entschluss gefasst: Gott, wenn du willst, dass ich Pfarrer werde, dann lass mich die Aufnahmeprüfung bestehen. Die ist schwer genug und die Hälfte der Kandidaten wird ausgesiebt. Dann bin ich runter vom Boden und habe meine Bewerbung nach Leipzig geschickt. Die Aufnahmeprüfung war wirklich nicht leicht. Doch ich bin angenommen worden.

Heute habe ich über 16 Jahre als Gemeindepfarrer gearbeitet und nun die neue Aufgabe als Landesjugendpfarrer übernommen. Mein Konfirmationsspruch ist mir nach wie vor ein treuer Begleiter und Mahner. Er sagt mir, dass die Freude über Gott und seine Liebe wichtiger ist als der Dienst, dass ich mich besser auf IHN als auf mich selbst verlassen sollte und dass ich unablässig Glauben und Leben zu verknüpfen habe.

Jochen Bohl, 1954 im westfälischen Lüden-
scheid geboren, ist seit 2004 Landesbischof
der sächsischen Landeskirche.

Die schwierige Frage nach der Wahrheit

*Wenn ihr bleiben werdet an meinem Wort, so seid ihr wahr-
haftig meine Jünger und werdet die Wahrheit erkennen, und
die Wahrheit wird euch frei machen.*
Johannes 8, Verse 31 und 32

Die Geschichte, die ich mit meinem Konfirmationsspruch habe,
verdeutlicht eine Glaubenswahrheit, die ich vielfach bestätigt
gefunden habe – dass die Worte der Heiligen Schrift wirken,
aber nicht immer sofort und nicht unbedingt auf die erwartete
Weise; dafür aber dauerhaft.

Als Konfirmand wusste ich nicht allzu viel mit dem Wort anzu-
fangen, das mir im März 1964 zugesagt wurde. Für den 13-Jäh-
rigen, der ich war, hatte es wohl zu viel Gewicht. Ich war ja
nicht nur Konfirmand, sondern auch Fußballer; und meine Aufmerksamkeit galt mindestens diesen beiden Sphären. Wohl war
mir Jesus Christus durch familiäre Prägung, Jugendarbeit und
Konfirmandenunterricht wichtig geworden, aber was sich hinter seinem »Wort« verbarg, das erschien mir doch eher unklar:
War ein Wort gemeint, aber welches unter den vielen? Oder
eine Auswahl der wichtigsten seiner Worte? Vielleicht sogar alle
seine Worte? Unlösbare Fragen, und dann kamen auch noch so
große Begriffe vor wie die Wahrheit und das Frei-Werden; wie

die Wahrheit einen Jungen wie mich frei machen kann oder soll und wovon – das alles überforderte mich. So habe ich längere Zeit nicht wieder auf die Konfirmationsurkunde gesehen.

Erst später, als ich mich auf das Leben als Pfarrer vorbereitete, habe ich den Spruch mit Interesse gelesen; und mich um Verständnis bemüht, was er mir zu sagen hat. Im Lauf der Jahre ist es dann so gewesen, dass die Mahnung Jesu, die ja ausdrücklich an die gerichtet ist, die glauben und auf ihn vertrauen, große Bedeutung für mich bekommen hat. Dabei hat sich der Zusammenhang immer wieder verändert, in dem ich den Vers befragt habe. Besonders hilfreich ist er mir in dem Sinn geworden, dass es für das Leben in der Nachfolge von größter Wichtigkeit ist, die Bindung an die Heilige Schrift auch dann nicht aufzugeben, wenn sich der Sinn einzelner Wörter, Bilder, Gleichnisse oder Aussagen nicht erschließt oder sich keine Beziehung zu ihnen ergibt. Gerade in Zeiten des Zweifels kommt es darauf an, sich geduldig um Verständnis zu bemühen. Es ist falsch zu meinen, dass die Wahrheit der Bibel von meinem Verständnis oder von meinem Zugang zu ihr abhängig ist. Sie ist Wahrheit in dem Sinn, dass sie mir begegnet – und ich ihr nicht ausweiche, sondern mich ihrem Anspruch zu stellen versuche.

Martin Luther hat einmal gesagt, dass es darauf ankommt, das Wort Gottes »wiederzukäuen« und hat damit zum Ausdruck gebracht, dass es nicht unbedingt seine ganze Wirkung auf den ersten Zugriff hin entfaltet und es darum gut ist, immer wieder darüber nachzudenken in dem Vertrauen, dass es sich erschließen wird. Manches, was mir lange dunkel und unverständlich erschien, hat zu einem späteren Zeitpunkt strahlende Leuchtkraft entwickelt. Es kommt darauf an, bei Jesus Christus zu bleiben, sich suchend um Verständnis zu bemühen. Man kann es auch so sagen: Wer glaubt, wird den Grund für das Nichtverstehen zuerst bei sich selbst suchen und auf Erkenntnis hoffen.

Das gilt auch für die schwierige Frage nach der Wahrheit. In unserer Zeit reden die Menschen nicht viel von ihr. Weil schreckliche Verbrechen aus ideologischer Verblendung, aber im

Namen einer vorgeblichen Wahrheit begangen wurden, haben viele Menschen in unserem Land aus Enttäuschung den Schluss gezogen, dass es keine Wahrheit gibt, jedenfalls keine, die sie angeht.

Aber das ist zu kurz und zu schnell gedacht, denn ohne Wahrheit können wir nicht leben. Wir hätten ja keine Möglichkeit, einen guten und tragfähigen Weg zu gehen in den vielen Herausforderungen, vor die uns das Leben stellt. Wir brauchen eine Richtschnur, damit wir in Gefahren bestehen, und darum ist es nicht beliebig, wie wir uns entscheiden zwischen Gut und Böse, Irrtum und Wahrheit.

Die Kirche Jesu Christi bezeugt die Wahrheit, die Gott uns in Jesus Christus geschenkt hat, und dass sie sich finden lässt. Sie kann jeden Menschen frei machen, denn wir geben sie uns nicht selbst. Sie ist ein Geschenk Gottes.

Nicole Borisuk wurde 1975 im Erzgebirge geboren und leitet seit 2000 ein Tageszentrum für Straßenkinder in der ukrainischen Hafenstadt Odessa.

Trost und Beistand in Odessa

Ich will den Herrn loben allezeit; sein Lob soll immerdar in meinem Munde sein.
Psalm 34, Vers 2

»... was für ein Konfirmationsspruch!« – war mein Gedanke, als mein Pfarrer dieses Psalmwort über meinem Leben aussprach. »Welch ein herrlicher und doch schwer zu verwirklichender Vorsatz!« David fährt fort: »Meine Seele soll sich rühmen des Herrn, dass es die Elenden hören und sich freuen« (Psalm 34, Vers 3).

Heute, 17 Jahre nach meiner Konfirmation, bin ich dankbar, dass er gerade diesen Vers ausgesucht hat, denn der Lobpreis Gottes ist wichtiger Bestandteil meines Lebens geblieben und hat mich in guten und in schweren Zeiten begleitet.

Meine Konfirmation war für mich eine bewusste Entscheidung, die ich bis heute nie bereut habe. Ein Jahr bevor ich konfirmiert wurde, hatte ich mich bereits bei einer Evangelisation zu einem Leben mit Gott entschieden. Mein Vater war durch Gebet von seiner Alkoholabhängigkeit geheilt worden, und ich hatte so die Realität Gottes ganz praktisch erlebt. Nach diesen Ereignissen war es für mich ganz selbstverständlich, mich aktiv am Alltag meiner Kirchgemeinde zu beteiligen. Ich sang im

24

Chor, war Mitglied einer Lobpreisband, und in meinen Ferien nahm ich an verschiedenen Missionseinsätzen im In- und Ausland teil. Bereits in diesem Alter merkte ich, dass ich mein Leben gern dafür einsetzen wollte, benachteiligten Kindern und Jugendlichen zu helfen – am liebsten in einem anderen Land. Meine Empfehlung an jeden jungen Menschen ist es deshalb, in seiner Lebensplanung nach dem Willen Gottes zu fragen.

Mein Weg hat mich schließlich in die Ukraine geführt, wo ich seit mehr als zehn Jahren mit meiner Familie sozial benachteiligten und ausgegrenzten (elenden) Menschen diene. Mein ukrainischer Ehemann und ich leiten seit sechs Jahren eine christliche Sozialarbeit in Odessa, die Kindern, Jugendlichen und Familien zur Seite steht. Viele von diesen Kindern haben in ihrem jungen Leben bereits Dinge durchgemacht, die ihnen rein menschlich gesehen wenig Grund zum Lobpreis geben. So auch im September 2004, als eines der Mädchen, die wir betreuen, Opfer eines Autounfalls wurde und danach sieben Monate im Koma lag. Beim Zustand des ukrainischen Gesundheitssystems war es ein Wunder, dass sie überlebt hat. Heute ist die 13-Jährige körperlich und geistig behindert und wird von ihrer Mutter rund um die Uhr gepflegt. Trotz alledem strahlt dieses Kind eine große Freude aus, und die Lieder, die wir vor vier Jahren Gott zum Lob in unserer Einrichtung gelernt haben, singt sie auch heute wieder. Dieses Mädchen hat sich meinen Konfirmationsspruch zum Lebensmotto gewählt. Sie lobt Gott allezeit. Und so erfahren wir immer wieder, dass Jesus gerade in schweren Zeiten und Situationen einen Ausweg zeigt, Trost und Beistand gibt.

Gott zu loben, ist eine Entscheidung, die es immer wieder neu zu treffen gilt. Nach meiner Erfahrung hat diese Entscheidung sehr wenig mit Gefühlen zu tun, doch die Auswirkungen sind enorm. Als 2006 unsere damals vierjährige Tochter an Diabetes Typ 1 erkrankte, standen wir wieder einmal vor der Entscheidung, sollen wir uns unseren Ängsten, Sorgen und unserem Selbstmitleid hingeben, klagen und fragen »Gott – warum gerade unsere

Tochter?«, oder wollen wir an dem festhalten, wozu ich mich vor vielen Jahren entschieden habe: den Herrn zu loben allezeit und ihm die Treue halten. Wir haben das Letztere gewählt und Gott hat uns neu gestärkt und gibt uns jeden Tag Kraft.

So versuchen wir unseren Vorsatz zu erfüllen, unsere Kinder in diesem Sinne zu erziehen und ihn auch an die Menschen um uns herum weiterzugeben.

Friedemann Bringt, 35, ist Sozialpädagoge und Fachreferent im Kulturbüro Sachsen e.V. und lebt mit seiner Frau und zwei Töchtern in Dresden

Von Traktor Taubenheim zum Kulturbüro Sachsen

Das ist meine Freude, dass ich mich zu Gott halte
und meine Zuversicht setze auf den Herrn aller Herren,
dass ich verkündige all dein Tun.
Psalm 73, Vers 28

Ich wuchs in einer Oberlausitzer Pfarrersfamilie auf. Einmal, als ich mit einer selbst gebastelten Holzpistole durch unseren Garten tobte, fing mich meine Schwester ab und erklärte, wenn ich nicht sofort die Pistole weglegte, würde sie den Eltern sagen, dass sie mich beim Rauchen erwischt habe. Dabei hatte ich nur probiert, was viele Jungen mit zehn oder elf Jahren tun ... Mein Name sollte Programm sein, so wollte es meine Familie.

Als Kind fiel mir das schwer: Im Kindergarten mit Gummisoldaten zu spielen, wie die anderen alle – gab es nicht. In der Schule mit den Klassenkameraden zum Pioniernachmittag zu bleiben – ich war in keiner »sozialistischen Massenorganisation«. Mit den anderen Jungs am Sonntagvormittag beim Fußballpunktspiel für »Traktor Taubenheim« zu kicken – keine Chance, da war Gottesdienst. Wenn mein Vater schnell predigte, schaffte ich es manchmal noch zur zweiten Halbzeit, aber kurze Predigten waren die Sache meines Vaters nicht. Die »Freude, sich zu GOTT zu halten« war für mich damals harte Arbeit. Oft war es eine Last so anders zu sein als die meisten meiner Freundinnen und Freunde.

Dass das Private politisch ist, lernte ich in der DDR bereits als Kind: Zum Frühstück begleitete mich der Deutschlandfunk. Andere ernst zu nehmende Informationsmöglichkeiten bot das »Tal der Ahnungslosen« nicht. Während die DDR-Schulen den Wehrunterricht einführten, interessierte mich die aufkommende Solidarność-Bewegung im Nachbarland. 1984 wurde meiner Schwester die Ausreise zur ökumenischen Jugendkonferenz des Lutherischen Weltbundes in Budapest verweigert. Der Grund dafür war, dass sie und ihre Freunde am Abend vor der Volkskammerwahl einen Geburtstagsspaziergang mit Kerzen unternommen hatten. Aus vielen solchen Erlebnissen entstand mein persönliches Puzzle christlicher Verantwortung und politischen Engagements. Diese Verantwortung hat für meine Familie eine wichtige Wurzel: die schuldhafte Verstrickung in Nationalsozialismus und ›deutschem Christentum‹ und die Erfahrung von Krieg, Flucht und Elend als deren Folgen.

Meine Großeltern väterlicherseits waren glühende Anhänger der Nazis gewesen, Deutsche Christen, wie die meisten anderen sächsischen Protestanten zu dieser Zeit auch. Nach dem Tod meines Großvaters 1942 an der Ostfront musste meine Großmutter nicht nur ihre beiden damals vier- und zweijährigen Söhne durchbringen. Sie machte sich nach Kriegsende auch starke Vorwürfe, nicht auf ihre Tante gehört zu haben, die Mitglied in der Bekennenden Kirche war. Stattdessen hatte sie sich mit den Nazis eingelassen. Trost und Anerkennung fand sie im Glauben. Dass ihre beiden Söhne, mein Vater und mein Onkel, Pfarrer wurden, war auch eine Folge ihrer persönlichen Auseinandersetzungen. Diese nicht immer offen und schonungslos, aber aufrichtig geführte Familiendebatte war für mich prägend. Ich lernte, dass der Glaube oder Gebete nicht vor Irrtümern und Schuld schützen. Ich erlernte aber auch die Zuversicht, dass Menschen neu anfangen können, wenn sie sich und Gott Fehler eingestehen und wirklich anders leben wollen. Mein Konfirmationsspruch ist ein Beispiel für die Traditionspflege in meiner Familie. Er war auch der Trau- und Ordinationsspruch meines Vaters. Er spiegelt aber auch die hier beschriebene Ambivalenz wider: Sich an Gott halten bedeutet, sich täglich neu zu hinterfragen. Mein Vater überzeugte mich, diesen Spruch zu wählen: »Das ist meine Freude, dass ich mich zu GOTT halte und meine Zuversicht setze auf den HERRN aller Herrn, dass ich verkündige all DEIN Tun.«

Die in meiner Familie gelebte Mischung aus aufgeklärter Frömmigkeit, politischem Geist und Erinnerungskultur brachte mich, 15-jährig, zu »Aktion Sühnezeichen Friedensdienste« in der DDR (ASF). Meine Schwester war bereits mehrfach zu ASF-Sommerlagern gefahren und hatte Tolles berichtet. Die Horizont erweiternden, internationalen Begegnungen bei ASF ließen mich nicht mehr los. Hier organisierte ich über Jahre die Sommerlager mit, war ehrenamtlich aktiv, ging 1993 als erster Langzeitfreiwilliger für achtzehn Monate nach Prag, um im Pflegedienst der dortigen Jüdischen Gemeinde Überlebende der nationalsozialistischen Vernichtungslager zu betreuen. Die Berichte dieser Menschen versetzten mich in Aktion. Mir wurde klar, wie zerbrechlich und schützenswert soziale Marktwirtschaft und demokratischer Rechtsstaat, wie fruchtbar noch immer rassistische, antisemitische und nationalistische Weltbilder sind. Diese Erkenntnis wollte ich jungen Menschen vermitteln, als ich während meines Studiums ein Praktikum als pädagogischer Mitarbeiter in der Gedenkstätte Theresienstadt absolvierte. Den besonders packenden Lebensbericht eines Prager Überlebenden von sechs Konzentrationslagern habe ich mit Freunden von ASF aufgeschrieben. Er ist im vergangenen Jahr als Buch erschienen.

Das Thema »gesellschaftliches Engagement aus christlicher Verantwortung und Schutz von Menschenrechten« prägt noch immer mein berufliches und privates Leben. Ich arbeite im Kulturbüro Sachsen e.V., dass sich unter anderem mit mobilen Beratungsteams für die Vermittlung demokratischer Werte im

Alltag und gegen Rechtsextremismus engagiert. Wir beraten bürgerschaftliche Initiativen, Vereine, Kirchengemeinden sowie Kommunalverwaltungen, Politik und Wirtschaftsunternehmen nach dem Motto »Arbeit für Demokratie und Menschenrechte ist die beste Arbeit gegen Rechtsextremismus«. Diese Arbeit ist vielfältig und interessant: Sie reicht von der Fortbildung von Lehrern und Sozialarbeitern über die Begleitung von Spätaussiedler-Selbsthilfeinitiativen, die Fachberatung von Kommunalverwaltungen bis zur Mitarbeit im Arbeitskreis »Kirche und Rechtsextremismus« bei der Evangelischen Erwachsenenbildung in Sachsen. Mit diesem Arbeitskreis organisierten wir in den letzten Jahren jährlich einen sächsischen Praxistag. Haupt- und ehrenamtlich Engagierte aus Kirchgemeinden tauschten sich über ihre Erfahrungen mit rechtsextremer Gewalt, ihre Ängste und Hoffnungen aus. Sie sprachen aber auch über die in Bibel und christlicher Tradition auffindbaren Wurzeln für ein menschenrechtsorientiertes, freiheitliches Menschenbild.

Die Zuversicht, dass diese Welt eine gerechte, friedliche Perspektive für alle Menschen ohne Unterschied bietet, ist eine biografische Erfahrung meiner Familie. Dazu gehört auch, dass rassistische Weltbilder und soziale oder ökonomische Ungerechtigkeit überwunden werden können und dass mein tägliches Handeln eine solche Welt mitgestalten kann. Ich bin sozusagen in meinen Konfirmationsspruch hineingewachsen. Heute drückt er für mich aber noch mehr aus: Nicht alles liegt in unserer Kraft.

Christine Cieslak, Jahrgang 1973, ist Heilpraktikerin und Katechetin in der Oberlausitz.

Unterwegs ins Ungewisse

Wir wissen aber, dass denen, die Gott dienen, alle Dinge zum
Besten dienen, denen, die nach dem Vorsatz berufen sind.
Römer 8, Vers 28

Meinen Konfirmationsspruch habe ich mir jetzt nach 20 Jahren das erste Mal wieder durchgelesen und bin berührt, wie sehr ich diese Aussage in meinem Leben wiederfinden kann.
Beim Stöbern in der »Bibel in gerechter Sprache« finde ich diese Übersetzung:
»Alles wirkt zum Guten zusammen für die, die Gott lieben, weil Gott entschieden hat, sie zu rufen.«
In all den verschiedenen Stationen meines Lebens spüre ich, wie mich Gottes gute Kraft gestärkt und zum Guten geleitet hat.
Aufgewachsen bin ich in Seifhennersdorf in der DDR. Als Kind einer sehr christlich orientierten Großfamilie wurde am Anfang meiner Schulzeit von meinen Eltern entschieden, dass ich nicht in die Pionierorganisation eintrete. So hatte ich auch in der 8. Klasse meine Konfirmation. Es war ein bedeutender Moment, den ich nicht vergessen habe, als ich vor dem Altar stand und gesegnet wurde. Mir war bewusst, dass ich damit meinen weiteren Lebens- und Berufsweg präge. Abitur und Studium kamen auf Grund der Konfirmation kaum in Frage und so habe ich

mich mit 14 Jahren schon zur Ausbildung als Kinderdiakonin entschieden.

Ich weiß nicht, ob mir deshalb meine Pfarrerin diesen Spruch ausgewählt hat. Auf jeden Fall wussten ich und sie zum Zeitpunkt der Konfirmation, dass ich eine kirchliche Laufbahn einschlagen werde.

An meinen weiteren Lebensstationen erkenne ich, wie sehr mein Konfirmationsspruch meiner Lebenshaltung entspricht. Durch die Wende standen mir nun ganz andere Möglichkeiten zur Verfügung. Mit 20 Jahren bin ich ins Ungewisse aufgebrochen. Mit einem sehr starken Vertrauen habe ich mich für zwei Jahre auf Reisen begeben. Ich kannte die Sprache des Landes noch nicht und vertraute darauf, Arbeit und Unterkunft zu finden. Diese Wanderjahre haben mich in meinem Vertrauen bestärkt.

Vor allem hatte ich Zeit, um mir die Frage zu stellen, was ich eigentlich in meinem Leben will. Nachdem ich viel in der Natur gearbeitet hatte, reifte in mir immer mehr der Entschluss, die Pflanzenheilkunde zu erlernen. Nun stand wieder eine große Entscheidung an. Wie kann ich mir eine Ausbildung als Heilpraktikerin finanzieren? Dabei haben mich meine Mitbewohner unterstützt und es gab genug Arbeit, um Geld nebenbei zu verdienen.

Einige Jahre später gab es erneut eine entscheidende Wendung in meinem Leben. Meine Heimat hat mich gerufen. Auch bei diesem Neuanfang hat mir mein Vertrauen auf Gottes Kraft geholfen.

So bin ich in mein Heimatdorf Seifhennersdorf gezogen. Hier sind die Dinge zum Guten zusammengekommen. Ich konnte günstig eine Wohnung und Praxis in einem alten Umgebindehaus mieten.

Trotz großer Stellenknappheit in unserer Region hatte ich Möglichkeiten, halbtags eine Anstellung zu bekommen. In einem Nachbardorf war eine C-Katechetinnenstelle frei.

So habe ich meine Naturheilpraxis eröffnet und eine 45-Prozent-Stelle angenommen. Langsam und stetig habe ich meine kleine

Naturheilpraxis aufgebaut. Mit Hilfe inspirierender Kollegen habe ich meine Schwerpunkte in der Gemeindearbeit gefunden. Durch meine Kollegen und meinen Mentor hatte ich die richtigen Partner an meiner Seite. So lernte ich auch die Zirkusprojektarbeit kennen. Diese Projektarbeit, wo Kinder und Jugendliche ihre Fähigkeiten zeigen können und ich einen Zugang zu ihren Fragen und ihrer Suche nach Gott finde, sind die Quellen meiner gemeindepädagogischen Arbeit. Bis jetzt sind meine beiden Arbeitsbereiche getrennt voneinander. Mein Traum allerdings ist, dass es einen Ort gibt, wo ich beides mehr verbinden kann, dass der ganzheitliche Ansatz von Gesundheit und mein gemeindepädagogisches Wissen einander bereichern und zum Besten dienen können. Zuversichtlich sehe ich dieser Entwicklung entgegen.

Im Herbst werde ich mein erstes Kind bekommen und in Elternzeit gehen. Es ist eine große Freude in mir, Mutter zu werden und einem neuen Menschen Raum und Geborgenheit zu geben. In all meinen unterschiedlichen und doch so ähnlichen Aufgaben fühle ich mich von Gott gerufen und gesehen.

Ein schöner Konfirmationsspruch wurde damals für mich gewählt. In dem Taizé-Lied: »Nada te turbe« mit einem Text von Teresa von Ávila finde ich mich wieder. Darin heißt es: »Nichts beunruhige dich, nichts ängstige dich: Wer Gott hat, dem fehlt nichts. Gott allein genügt.« In diesem Sinne freue ich mich auf die neuen Schritte und Aufgaben in meinem Leben.

 **Thomas de Maizière**, 1954 in Bonn geboren, ist CDU-Politiker, wohnt in Dresden und arbeitet in Berlin als Chef des Bundeskanzleramtes.

Sehnsucht nach Frieden

Er aber, der Herr des Friedens, gebe euch überall
und in jeglicher Weise seinen Frieden.
2. Thessalonicher 3, Vers 16

Im Alter von 14 Jahren hat man sicherlich etwas ganz anderes im Kopf als die weise Auswahl des eigenen Konfirmationsspruchs, der Begleiter für das ganze Leben sein kann. Mir ging es jedenfalls so. Man ist in diesen Alter eben sehr mit sich beschäftigt, mit Fußball, Freunden und einem ersten vorsichtigen Blick auf das andere Geschlecht und notfalls auch mit der Schule. Plötzlich steht dann die Konfirmation an. Natürlich hatte ich – wie alle anderen auch – Konfirmandenunterricht. Für mich war das nicht ganz neu, denn ich hatte es bei meinen drei älteren Geschwistern ja schon erlebt. Aber die Tiefe der Paul-Gerhardt-Lieder erschließt sich einem 14-Jährigen beim Lernen der vielen Strophen nicht.

Konfirmiert wurde ich in der Marienforster Kirche in Bonn-Bad Godesberg. Am Tag meiner Konfirmation war es heiß. Zum ersten Mal in meinem Leben trug ich einen dunklen Anzug. Ich glaube, er war schwarz. Das erste Abendmahl war für mich sehr wichtig. Es war ein Zeichen des Dazugehörens. Des Dazugehörens zu den Erwachsenen aus meiner vorherigen kindlichen

Sicht und das Zeichen der Erneuerung des Versprechens, zu Gottes Gemeinschaft zu gehören. Deshalb bin ich auch heute noch dafür, den Zugang zum Abendmahl strikt auf Konfirmierte zu beschränken. Das klingt hart, erhöht aber den Wert der Konfirmation.

Meine Konfirmation war im Frühjahr 1968. Das waren in der Bundesrepublik Deutschland unruhige Zeiten. Die Studenten protestierten nicht nur gegen das Hochschulsystem, in Vietnam tobte der Krieg. Mein Vater war General der Bundeswehr. Ich erinnere mich, dass in mir auch der allgemeine Wunsch war – wahrscheinlich wie in vielen Kindern oder Heranwachsenden – einfach auf der ganzen Welt Frieden zu haben. Ganz persönlich wünschte ich mir natürlich, dass mein Vater als Soldat nicht in einem Konflikt auf der Welt zum Einsatz kommen musste. Insofern ist mein Konfirmationsspruch – natürlich aus der damaligen Situation eines Heranwachsenden heraus – eine große abstrakte Sehnsucht nach Frieden.

Heute klingt er mir im ersten Moment fast ein bisschen zu sehr nach ›Friede – Freude – Eierkuchen‹: überall und in jeglicher Weise Frieden. Geht das, und wollen wir das überhaupt? Ob ich mir damals diesen Spruch im Konfirmandenunterricht ausgesucht habe, weiß ich nicht mehr. Ein Mensch im sudanesischen Darfur oder im Irak würde meinen Konfirmationsspruch anders lesen als ich als 14-Jähriger in Westdeutschland. Im Dresden von heute liest es sich anders als im Dresden von 1945.

Heute, wenn ich darüber nachdenke, ist er auf den zweiten Blick sehr schön. Denn der Friede, den Gott geben kann, ist ein anderer, als den wir Menschen unter uns selbst stiften können. Konflikte sind prinzipiell nichts Schlechtes auf der Welt. Wo Freiheit ist, entstehen auch Konflikte. Durch Konflikte gibt es Entwicklung. Der Mensch kann Konflikte beenden. Er kann sich Mühe geben, Konflikte friedlich auszutragen. Krieg entsteht auch durch lange unterdrückte Konflikte. Je mehr die Konflikte unterdrückt werden, umso mehr brechen sie sich dann mit Gewalt Bahn. Betrachtet man den lateinischen Ursprung des Wortes *confligere*, heißt es *aneinandergeraten*. Das passiert immer, wenn Interessen aufeinanderstoßen. Die Frage ist nur, wie man damit umgeht. Je länger aneinandergeratene Interessen unterdrückt waren, desto größer wird das Gewalt-Potenzial.

Aber Gottes Friede ist ein anderer Friede, »sein Frieden« eben. Ihn können wir dankbar entgegennehmen. Das mindert auch den Anspruch an unsere Arbeit, zum Beispiel in der Politik. Wir können uns mit weniger zufrieden geben. »Seinen Frieden« können wir nicht schaffen. Wir dürfen wissen, dass nicht wir und unser Tun für Konfliktlösungen in der Welt das Maß aller Dinge sind. Das gibt Bescheidenheit im Erfolg. Aber auch bei Niederlagen müssen wir nicht verzweifeln, denn es ist unsere »kleine« menschliche Sicht auf etwas, das wir als Niederlage empfinden. Gott hat das letzte Wort. Das ist tröstlich. Sein Frieden ist höher als alle menschliche Vernunft.

Mein Konfirmationsspruch, der beschreibt, dass der Herr überall und in jeglicher Weise seinen Frieden gibt, spendet deshalb tiefen Trost.

Ob ich mir heute noch einmal diesen Konfirmationsspruch aussuchen würde, weiß ich nicht. Er ist mir immer noch ein wenig zu süßlich. Heutzutage würde ich mir wohl eher einen Konfirmationsspruch aussuchen, der eine aktive Rolle des Christenmenschen betont, nicht eine empfangende. Aber vielleicht ist es für mich gerade andersherum gut. Und ich bin ja auch nicht mehr 14 Jahre alt …

Sebastian Feydt, geboren 1965 in Cottbus, ist seit April 2007 Pfarrer an der Dresdner Frauenkirche.

»Diesen Mut wünschte ich mir auch«

Ich schäme mich des Evangeliums von Christus nicht, denn es ist eine Kraft Gottes, die selig macht alle, die daran glauben.
Römer 1, Vers 16

Seit ich im April 2007 nach Dresden gekommen bin, stehen die Themen »Versöhnung und Frieden« im Mittelpunkt meiner Arbeit. Als ich vor mehr als einem Vierteljahrhundert schon einmal – damals als Jugendlicher mit meinen Eltern – nach Dresden kam, standen diese beiden Kernaussagen der christlichen Botschaft ebenfalls im Zentrum. Die Sorge um den Frieden bewegte die Menschen. Die Hoffnung auf Versöhnung bestimmte viele Gebete. Für mich persönlich kam noch hinzu: Die Kirchgemeinde, in der ich konfirmiert wurde, trug das Anliegen im Namen: Versöhnungskirchgemeinde.

Wenn ich heute meine Konfirmationsurkunde in die Hand nehme, ist nicht zu übersehen, wie sehr das strahlende Weiß der Urkunde inzwischen angegraut ist. Und auch die Farbe des Siegels und der Schrift ist etwas verblichen. Ganz im Gegensatz zu meinen Erinnerungen an den Tag meiner Konfirmation. Sie stehen mir noch heute lebhaft vor Augen. Genau so, wie die etwas anstrengende Auswahl eines Konfirmationsspruches einige Wochen zuvor.

37

Es war mir nicht leicht gefallen, aus der Vielzahl der vorgeschlagenen biblischen Verse einen auszuwählen. Jedes Blättern in den verschiedenen Bibelausgaben machte es nur noch komplizierter. Schon die Entscheidung, ob der Spruch dem Alten oder Neuen Testament entnommen sein sollte, war für mich eine Hürde. Im Konfirmandenunterricht hatte die Geschichte des Volkes Israel eine große Rolle gespielt. Eine Reise nach Prag mit seiner jüdischen wie christlichen Vergangenheit hatte ihre Spuren bei mir hinterlassen. Mein Interesse an unseren älteren Geschwistern im Glauben war geweckt.

Daneben war die Konfirmation ein öffentliches Bekenntnis. Sollte da nicht der biblische Spruch auch vermitteln, was ich selbst als Christ glaube? Es war ein Gespräch mit meinen Eltern, das mich damals weiterbrachte. Als ich den Konfirmationsspruch meiner Mutter in der Bibel nachlesen wollte, stieß ich auf das Bekenntnis des Paulus, Röm 1, Vers 16. Und ich entschied mich für dieses klare Wort.

Heute weiß ich: Die eigentliche Tiefe und Aussagekraft habe ich damals nicht erfasst. Es war vielmehr die klare Sprache, die mich überzeugte. Da sagt einer, was er glaubt. Da scheut und schämt sich einer nicht, sich zu Jesus Christus zu bekennen. Das fand ich gut. Diesen Mut wünschte ich mir auch.

Den weiten Horizont zwischen Himmel und Erde, zwischen Gott und Mensch, den Paulus mit seinem Bekenntnis eröffnet, habe ich erst viel später, während des Studiums, zu sehen gelernt, auch die Auslegungen des Pauluswortes durch Theologen wie Karl Barth oder Ernst Käsemann. Mehr als einmal ging ich während einer Vorlesung zum Römerbrief still in mich, weil mir bewusst wurde, wie herrlich naiv ich lange Zeit meinen Konfirmationsspruch behandelt hatte.

Trotzdem bin ich meinem Konfirmator noch heute dankbar, dass er uns dazu ermutigt hat, selbst einen Spruch zu wählen. Führte es doch dazu, dass ich damals erstmalig ernsthaft die Bibel danach befragte, was sie mir für mein Leben mit auf den Weg gibt. Schaue ich heute auf die vergangenen Jahre seit dem Ende meines

Studiums zurück, so kann ich deutlich sehen, wie mein Konfirmationsspruch mich begleitet und an bestimmten Punkten geleitet hat. Hautnah erlebte ich Mitte der 90er-Jahre dank eines Sondervikariats im Heiligen Land, was es heißt, das Evangelium von Jesus Christus als das Evangelium des Friedens zu bezeugen. Als Gast palästinensischer lutherischer Christen war ich tagtäglich Zeuge der Bemühungen, als christliche Minderheit in einer jüdisch bzw. muslimisch geprägten Gesellschaft einen Platz zu finden und ein freies Bekenntnis so zu formulieren, das die Anerkennung des Glaubens anderer und der Respekt vor ihm dadurch nicht beeinträchtigt werden. Ich erlebte, wie das Evangelium des Friedens die Chance eröffnet, Toleranz zu leben, ohne dabei die Stärken und das Wesentliche des eigenen Glaubens aufzugeben.

In den Begegnungen mit den zahlreichen Besucherinnen und Besuchern der Frauenkirche kommen mir diese Erfahrungen heute sehr zugute. Die Unverbindlichkeit unserer Zeit lässt die Erwartungen der Menschen an das Geschehen an der Frauenkirche weit auseinandergehen. Das klare Bekenntnis des Paulus zeigt mir, wie gut begründet es ist, die Verkündigung des Evangeliums in den Mittelpunkt aller Arbeit an der Frauenkirche zu stellen.

Unsere Freiheit ist groß, bekennen zu können, was wir glauben. Wir müssen es aber auch tun. Es gilt die Chance zu nutzen, das Evangelium von Jesus Christus als das Evangelium des Friedens mitten hinein in unsere heutige Gesellschaft zu sprechen. Die Gestalt Martin Luthers auf dem Neumarkt vor der Frauenkirche mahnt mich tagtäglich, dieses Ziel nicht aus den Augen zu verlieren. Und sie ruft mir in Erinnerung, wie wichtig gerade Luthers Auslegung des Römerbriefes für die Verbreitung und Verkündigung der reformatorischen Lehre war und ist.

Wenn ich mich für einen biblischen Spruch entscheiden sollte, der die Aufgabe evangelischer Christen und unserer Kirche heute beschreibt, ich würde mich sofort wieder für meinen Konfirmationsspruches stark machen: »Ich schäme mich des Evangeliums von Christus nicht, denn es ist eine Kraft Gottes, die selig macht alle, die daran glauben.«

Caritas Führer, geboren 1957 in Karl-Marx-Stadt, ist gelernte Porzellangestalterin, verheiratet, Mutter dreier Kinder und lebt als freischaffende Schriftstellerin und Referentin in Annaberg-Buchholz.

»Ich habe mich mit meinem Lebensweg ausgesöhnt«

Gott spricht: »Ich will dich unterweisen und dir den Weg zeigen, den du gehen sollst, ich will dich mit meinen Augen leiten.«
Psalm 32, Vers 8

Der voll bepackte Möbelwagen biegt um die Ecke. Ich schraube das Türschild ab. Letzter Kram wird in einem Karton verstaut. – Der neue Tag wird an einem neuen Ort beginnen …
Dreizehn Mal habe ich solche Wechsel erlebt. Nicht immer war Freude das Vorzeichen. Und je älter ich werde, umso banger ist mir vor einem Neubeginn.
Ich wuchs in einer Pfarrersfamilie auf in dem Bewusstsein, dass mein Lebensweg kein leichter sein würde. Oft hatte ich den Eindruck, andere würden darüber bestimmen, was mir möglich wäre. Als Christin in der DDR ging es bei mir nach der Schulzeit nicht um die Verwirklichung eines Traumberufes, eher um das Annehmen der wenigen Möglichkeiten, die sich boten. Für meine Eltern kam es daher einem Wunder gleich, dass ich ohne politische Zugeständnisse zur Ausbildung in der Porzellanmanufaktur von Meißen angenommen wurde.

40

Da mir Bildungsangebote, die nach meinem Herzen gewesen wären, auf Grund meines Glaubens und meiner kritischen Einstellung zur sozialistischen Gesellschaftsordnung verwehrt blieben, suchte ich mir Nischen und Alternativen. Ich sehnte mich nach klaren Ansagen und Wahrhaftigkeit. Und doch konnte ich oftmals nicht fliehen vor verordneter Meinung und Halbherzigkeit. Der Versuch, echt und transparent zu sein, ohne dauerhaft auf Integration verzichten zu können, führte zu Zerreißproben.

Der Konfirmandenunterricht bei meinem Vater war für mich voller Überraschungen. Anschaulich übertrug er die Weisheit des Katechismus in meinen Alltag. Der Glaube wurde zu dieser Zeit greifbar für mich wie nie zuvor. Intensiv erlebte ich diese Stunden einer Wissensvermittlung, bei der es aber ums Ganze ging. Der Konfirmationsspruch, den mein Vater für mich aussuchte, traf bei mir einen Nerv: Gott zeigt den Weg und leitet mich. Wie ein Versprechen fiel dieser Satz in meine verdunkelte, eingezäunte, zugemauerte DDR-Zukunft. Gott würde dafür sorgen, dass ich meinen eigenen Weg finde. Und darüber hinaus würde er Blickkontakt mit mir halten.

Ich liebe meinen Konfirmationsspruch seit Palmsonntag 1971. Er wurde auch konkret in meiner Biografie. Zwar durfte ich kein Abitur machen und studieren, bekam aber nach der Lehre einen Platz für ein Fernstudium am Literaturinstitut in Leipzig. Ich durfte keinen pädagogischen Beruf ergreifen, arbeitete aber ehrenamtlich im Kindergottesdienst mit und kümmerte mich um Straßenkinder, die es offiziell gar nicht gab. Dem Trend entgegen erzogen wir unsere Kinder zu Hause. Und genau aus dieser Zeit stammen meine tiefsten Freundschaften, wichtige Lebenserfahrungen und meine ersten gültigen Texte.

Mein Vater, Jahrgang 1911, hat seit seiner Rückkehr aus russischer Kriegsgefangenschaft immer daran festgehalten und dafür gebetet, dass Deutschland wieder eins wird. Dass wir beide den Fall der Mauer erlebt haben, der mir ungeahnte Horizonte eröffnete, gehört zu den stärksten Erfahrungen mit Gottes Wirklichkeit und Wirken.

Heute weiß ich, dass zu keiner Zeit andere Menschen meinen Lebensweg im Griff hatten. Und das möchte ich jedem jungen Menschen heute gerne weitersagen. »Es gibt vieles, was deine Pläne durchkreuzen kann: unvorhergesehene Umstände, herbe Verluste, Willkür von Menschen. Das alles kann störend in einen Legensgang einwirken. Aber nichts und niemand kann Gott daran hindern, dich in deiner Ganzheit wahrzunehmen und mit seinem Blick zu leiten. Nichts kann Gott davon abbringen, dich wichtig zu machen. Und sogar ein Umweg kann zum Segensweg werden.«

Klingt das zu glatt? Ich habe es so erfahren. Ich habe mich mit meinem bisherigen Lebensweg ausgesöhnt. Heute mache ich endlich das, was ich wohl immer machen wollte: Bücher schreiben und soziale Projekte entwickeln.

Mir ist bewusst: Noch ist nicht aller Tage Abend. Der Weg Gottes mit mir ist noch nicht zu Ende. Begriffe wie »Möbelwagen« und Handgriffe wie »Türschild abschrauben« liebe ich nicht. Meine Wurzeln reichen gerade ziemlich tief. Wenn Gott mich von hier wegführen will, braucht er kräftige Arme und Argumente. Aber die hat er wohl.

Lars Hänsel wurde 1967 in Bautzen geboren, studierte Evangelische Theologie, promovierte und leitet seit 2006 das Büro der Konrad-Adenauer-Stiftung in Jerusalem.

Zweite Heimat Jerusalem

Verlasst euch stets auf den Herrn;
denn Gott, der Herr ist ein ewiger Fels.
Jesaja 26, Vers 4

Konfirmiert wurde ich 1982 in Bautzen, den Spruch hatte meine Pastorin für mich ausgesucht: »Verlasst euch stets auf den Herrn; denn Gott, der Herr ist ein ewiger Fels« (Jesaja 26, Vers 4). Vertrauen auf Gott hatte mir damals geholfen, mich überhaupt konfirmieren zu lassen. Meine Mitschüler gingen zur sozialistischen Jugendweihe, andere christliche Freunde allenfalls im Folgejahr zur Konfirmation. Gottesvertrauen hatte auch meine innerlich lang erkämpfte Entscheidung getragen, zu den sogenannten Bausoldaten zu gehen und den Wehrdienst ohne Waffe zu leisten. Ich riskierte damit, dass mein heiß ersehnter Studienwunsch, auf den ich lange hingearbeitet hatte, nicht in Erfüllung gehen könnte. Meine Entscheidung wurde dann tatsächlich als Zeichen der Illoyalität gegenüber dem sozialistischen Staat angesehen. Ich wurde nicht zum Medizinstudium zugelassen, alle Eingaben und Beschwerden halfen nichts. Viele Möglichkeiten des Studiums blieben nach dieser Entscheidung in der DDR nicht und ich schrieb mich in Theologie ein.

43

Nicht erst während des Studiums interessierte ich mich für das Land, dessen Namen ich täglich in der Bibel las: Israel. Ich sammelte alle Informationen, die ich bekommen konnte, auch wenn sie oft einseitig waren. Nach der Wende war es dann nur natürlich für mich, die erste große Auslandsreise nach Israel zu machen. Diese zwei Wochen im Sommer 1990 haben mich so stark beeindruckt, dass ich die nächste Gelegenheit suchte, um Land und Leute noch intensiver kennenzulernen. Schon ein Jahr später konnte ich am ökumenischen Studienjahr an der benediktinischen Dormitioabtei auf dem Zionsberg in Jerusalem teilnehmen. Die verwinkelten Gassen der Jerusalemer Altstadt wurden mir zur zweiten Heimat.

Allerdings fühlte ich mich trotz meines Studierens auf dem Zionsberg zunächst noch nicht auf festem Untergrund. Ich kam zwar mit felsenfesten Überzeugungen. Das galt zunächst einmal theologisch: Ich wusste anfangs ziemlich genau, wo die Wahrheit zu finden war und welche Traditionen sich von der Wahrheit vermeintlich entfernt hatten. Das galt übrigens auch politisch. Auch da meinte ich am Anfang auf sicherem Boden zu sein und wusste sehr gut Bescheid, wo Recht und wo Unrecht waren. Ich hatte viele Antworten, die mir nie zur Frage geworden waren.

Aber das Leben in Jerusalem verunsicherte mich dann doch: So nah hatte ich Religionen wie das Judentum und den Islam, aber auch andere christliche Kirchen, noch nicht kennengelernt. Und je mehr ich mich auf sie einließ, ihre Geschichte und Glaubensauffassungen studierte, desto mehr stellte ich mir die Frage, warum gerade die Tradition, in der ich aufgewachsen war, die richtige sein sollte. Hatte ich wirklich schon sicheren Felsen unter mir? Das war die Frage, die mich fortan umtrieb. Die vielen Wahrheitsansprüche, auf welche ich traf, verunsicherten mich nachhaltig. Im Laufe der Studien in Jerusalem und später in Tübingen und Leipzig habe ich gelernt, dass es wichtig ist, einerseits eigene, klare Glaubenserfahrungen zu haben, andererseits aber auch offen und dialogfähig zu sein für andere Vorstellungen. Das Verhältnis von Fragen und Antworten hat sich radikal umgekehrt.

Auf der Suche nach festem Glaubensgrund war noch eine andere Einsicht wichtig. Am Anfang erlag ich oft der Versuchung, das Heilige Land mit dem Blick darauf zu erkunden, inwiefern es die Geschichten der Bibel verifizieren konnte. So war ich bei den Archäologievorlesungen sehr irritiert zu hören, dass etwa die biblischen Berichte über die Einnahme von Jericho durch die israelitischen Stämme unter Josua nicht mit den Forschungsergebnissen in Einklang zu bringen waren. Das galt auch für andere Geschichten der Bibel.

Bei mir wuchs die Einsicht, dass die heiligen Stätten wichtig sind, um sich an die Geschichten der Bibel zu erinnern, dass sie aber weder die Glaubenswahrheit beweisen noch in Frage stellen können – ähnlich wie im Gleichnis: Die religiöse Wahrheit ist völlig unberührt davon, ob der barmherzige Samariter auf dem Weg zwischen Jerusalem und Jericho oder auf irgendeinem anderen Weg geholfen hat. Historische Wahrheit und die Glaubenswahrheit der Bibel musste ich neu aufeinander beziehen, um wieder festen Boden unter die Füße zu bekommen und mich neu auch auf den Glauben verlassen zu können.

Israel hat mich seither nicht mehr losgelassen. Seit dem ersten Sommer zog es mich jedes Jahr wieder dorthin. Inzwischen hatte ich gute Freunde, Juden, Araber, Armenier, Säkulare, Religiöse …, und mich beschäftigten zunehmend auch die aktuellen politischen Fragen. Heute habe ich die Politik zum Beruf gemacht. Ich bin Leiter der Konrad-Adenauer-Stiftung in Israel und versuche mit unseren Mitarbeitern und Partnern den Dialog zwischen Deutschen und Israelis, zwischen Israelis und Palästinensern und zwischen den Religionen zu vertiefen. Dialog geht nicht ohne das, was ich vor allem auch in Jerusalem gelernt habe: einen festen Grund zu haben, auf den man sich verlassen kann, aber offen zu sein für andere Perspektiven.

Sabine Heinrich, Jahrgang 1960, ist Öffent-
lichkeitsarbeiterin beim Amt für Gemeinde-
dienst in Leipzig.

Bekennen durch Taten

Ich bin bei euch alle Tage bis an der Welt Ende.
Matthäus 28, Vers 20

Im Alter von 14 oder 15 Jahren hätte ich mit diesem Bibelvers
nichts anfangen können. Auch Konfirmation kam für mich damals nicht in Frage. Nicht, weil ich nichts von Kirche, Christsein, Glauben hielt, sondern weil mir in diesem Alter so ein
Vertrauen, so ein absolutes Bekennen und Erkennen unmöglich
schien. Heute muss ich sagen, dass dieser Konfirmationsspruch
mich genau in dieser Situation, in diesem Zweifel trägt. Aber
das zu begreifen, hat es Zeit gebraucht.
Für Sprüche war ich als Jugendliche empfänglich. Besonders wenn
diese provokant waren. Die konnte man so gut weiterschleudern.
Ansonsten wurde man ja im sozialistischen Schul- und Lehrall-
tag reichlich mit Sprüchen und Bekenntnissen bedacht. Aber das
waren eben oft genug nur leere Hülsen. Das konnte es nicht sein,
was Bestand haben sollte. Und überhaupt war da der Zweifel, ob
solche Bekenntnisse notwendig sind. Brauche ich das für mich
selbst? Aber dann ginge das noch lange nicht andere etwas an.
In der Kirche, in der Jungen Gemeinde verbrachte ich trotzdem
einen großen Teil meiner freien Zeit. Und es war eine gute Zeit,
aber für mich noch lange kein Grund zur Konfirmation.

»Bekennen durch Taten« – das war immer ein beliebter Spruch meiner Eltern. Nicht viel reden, sondern tun. Daran sollte man den Sinn erkennen. Wozu dann also dieses öffentliche Bekenntnis? Es ist nicht leicht, über den eigenen Glauben oder Unglauben zu sprechen. Allzu überzeugtes Gebaren lässt mich erst einmal tief durchatmen und leichten Abstand nehmen. Aber es ist notwendig, sich zu bekennen. Nicht nur die anderen müssen wissen, woran sie sind mit mir. Auch für mich selbst muss klar sein, wie ich leben will, was mich leiten soll.

Mein Mann und ich, wir ließen uns gemeinsam konfirmieren, um kirchlich heiraten zu können. Da war die Konfirmation Voraussetzung. Für unseren gemeinsamen Weg wollten wir ganz bewusst den Segen Gottes. Das war vor 25 Jahren. Unser Konfirmationsspruch (»Ich bin bei euch alle Tage bis an der Welt Ende«) war mir bekannt und vertraut als Lied. In der zweiten Hälfte der 70er-Jahre fanden in der Leipziger Nikolaikirche Jugendgottesdienste statt, die mich sehr ansprachen. Da wurden meine Fragen auf den Punkt gebracht. Ich fühlte mich in eine große Gemeinschaft hineingenommen. Da habe ich mich für die Sache entschieden. Konfirmation war für mich keine Notwendigkeit, ist es für mich auch heute noch nicht. Das Bekenntnis muss sein, aber kann die Form und der Zeitpunkt im Voraus festgelegt werden? Der gerade Weg schien mir als Jugendliche zu einfach. Wichtig ist wohl, sich überhaupt auf den Weg zu machen, zu fragen, zu zweifeln, nachzudenken …

Das Lied »Ich bin bei euch alle Tage …« habe ich in diesen Jahren immer im Ohr gehabt. Manchmal können Lieder einem Kraft und Mut geben. Das war so ein Lied. Und heute, rückschauend, hat dieser Vers etwas Beruhigendes für mich. Heute weiß ich, dass niemand von mir etwas Absolutes, etwas Perfektes verlangt, dass ich trotz meiner Zweifel und meines Unvermögens angenommen bin und nicht stärker erscheinen muss, als ich es bin, denn »Ich bin bei euch alle Tage bis an der Welt Ende«.

Johannes Hempel, geboren 1929 in Zittau, war von bis 1972 bis 1994 sächsischer Landesbischof.

»Aber wir kamen durch ohne Zerbrüche«

Gesegnet ist der Mann, der sich auf den Herrn verlässt und des Zuversicht der Herr ist.
Jeremia 17, Vers 7

Am Palmsonntag 1943, also in kalter Jahreszeit, bin ich in der Zittauer Dreifaltigkeitskirche von unserem Distriktspfarrer zusammen mit vielen anderen konfirmiert worden.

Längst hatte sich der schreckliche große Krieg gewendet. Am 1. Februar 1943 endete die verlustreiche Schlacht bei Stalingrad mit der Kapitulation der Reste der 6. Armee. Die Trauer des Volkes wurde verordnet.

Insofern hatten die Kirchen seinerzeit äußerlich eine gewisse Ruhe. Ihre Vernichtung hatte Hitler bis nach dem »Endsieg« verschoben. Ich kann mich nicht erinnern, dass meine Konfirmation von aktuellen politischen Querelen überschattet gewesen wäre.

Wohl aber hatte meine Mutter monatelang zuvor für den Festtag Lebensmittelmarken für Fleisch und Fett, Brot und Zucker gesammelt. Auch waren die eingeladenen Gäste, Paten und Verwandte gebeten, Lebensmittelmarken beizusteuern. Wir waren daran gewöhnt.

In Erinnerung sind mir die Bemühungen meiner Eltern um einen gebrauchten dunklen Anzug mit langer Hose, ein weißes

Hemd und (erstmalig) eine Krawatte um den Hals. In Erinnerung ist mir auch, dass die Bügelfalte der Hose meine Aufmerksamkeit unangemessen beansprucht hat. Der Festtag in der Familie mit den Eltern, dem Bruder, den Paten war nicht ohne Wärme, aber durchaus ernst.

Mein schöner Konfirmationsspruch – »Gesegnet ist der Mann, der sich auf den Herrn verlässt und des Zuversicht der Herr ist« – war mir vom Pfarrer zugeteilt, aber nicht erläutert worden. So stand ich allein vor dem Spruch, etwas verlegen, auch unerleuchtet, was er mir wohl zu sagen habe. Ein Onkel hatte ihn mit Tinte (Tusche gab es nicht) auf ein Blatt weiß-gelbliches Holzpapier schreiben lassen und ihn unter Glas in einem schwarzen Rähmchen mir geschenkt. Außerdem bekam ich ein Gesangbuch mit der Widmung »Zu gesegnetem Gebrauch«. Das war's – zu meiner Zufriedenheit. Es war Krieg.

Lange Zeit dachte ich, wenn ich denn überhaupt an meinen Konfirmationsspruch dachte, der Vers sei eine Forderung Gottes an mich: Ich möge, ja solle ihm gefälligst vertrauen, damit er mich segnen könne. Das hat mich nicht besonders ermutigt, weil ich nicht wusste, wie ich es machen sollte, ihm zu vertrauen. – Dann aber erklärte mir eines Tages ein Onkel (den ich fortan lebenslang verehrte), dass unser Gottvertrauen und Gottes Segen im Leben wie ein dauerndes Wechselspiel sei und dass »Gottes Segen« fast das Gleiche meine wie »Bewahrung durch Gott«. Also Gott seinerseits fängt immer wieder damit an, mich zu bewahren und ich reagiere dann darauf mit meinem wachsenden Vertrauen zu ihm. Das habe ich mir mein Leben lang gemerkt.

Ich habe es mir nicht nur gemerkt, sondern erfahren, dass es stimmt. Es ging gewiss persönlich auf und ab in den letzten zwei Kriegsjahren, in den belastenden und entbehrungsreichen Nachkriegsjahren, unter sowjetischer Besatzung und Beeinflussung, aber wir kamen durch ohne Zerbrüche. Meine Schulklasse, aus 16-Jährigen bestehend, hatte noch vierzehn Tage am Krieg in der Tschechoslowakei teilzunehmen. Eine Reihe von Klassenkameraden wurde getötet. Unter ihnen war ein Freund, der mich einst in Mathematik abschreiben ließ und mir nun die Marschverpflegung getragen hatte. Ich aber lief nach dem 8. Mai drei Tage lang nach Hause, immer an zahllosen Soldaten der Roten Armee vorbei. Niemand hat mir etwas getan: »Bewahrung!«

Seither gebe ich mein Jeremia-Wort nicht mehr her; ich brauche es! Es ist wie ein Geländer, nach dem ich greifen kann, wenn ich stolpere. Es hilft mir, freier zu bleiben vom Vertrauen auf neue Ideologien, auf angebotene neue Superwerte, usw. Jesus ist mein Herr, dem ich vertraue. So ist das.

Alle Konfirmanden von heute bitte ich, nicht enttäuscht zu sein, wenn ihr Konfirmationsspruch für sie nicht gleich von Anfang an leuchtet wie ein Edelstein in der Sonne. Kommt Zeit, kommt Rat. Gottes Wort ist bereit zu warten, bis wir es besser verstehen.

Professor **Thomas Herrmann**, Jahrgang 1944, ist Direktor der Klinik und Poliklinik für Strahlentherapie und Radioonkologie am Universitätsklinikum Carl Gustav Carus Dresden.

Verstand ist nicht alles

*Verlass dich auf den Herrn von ganzem Herzen, und verlass
dich nicht auf deinen Verstand, sondern gedenke an ihn in
allen deinen Wegen, so wird er dich recht führen.*
Sprüche 3, Verse 5 und 6

Ich bin im März 1959 konfirmiert worden, in einer Zeit, in der man in der DDR massiv gegen die Konfirmation und für die Jugendweihe agitierte. Wir waren daher schon nicht mehr viele Konfirmanden, vielleicht zehn aus drei Schulklassen. Der Spruch wurde mir von meinem Konfirmator zugewiesen. Es hat für mich einen gewissen Charme, dass ein lebenserfahrener Mensch einem jungen Menschen, der am Anfang seines Lebens steht, einen Spruch zusagt und nicht der Konfirmand ihn sich aussucht. Und ich denke, Pfarrer Rietschel hat mir den Spruch mit gutem Grund zugewiesen.

Damals bestand nämlich die Möglichkeit, nach der achten Klasse auf die Erweiterte Oberschule zu wechseln. Damals – wie heute – wurde mit Bildung Politik gemacht. Zu diesem Wechsel brauchte man nicht nur die entsprechenden Leistungen, sondern auch die Zustimmung der Schulleitung. So wurde er zur willkommenen Gelegenheit, Schüler, deren Elternhaus nicht als ausreichend DDR-konform eingeschätzt wurde, von einer höheren Bildung auszuschließen. Bei mir gab es Schwierigkeiten, weil ich nur konfirmiert werden, aber nicht an der Jugendweihe teilnehmen sollte. Das hatten meine Eltern für mich entschieden.

So wusste ich schon bei meiner Konfirmation, dass ich wohl nicht auf die Oberschule durfte. Ich hatte gute Zensuren, doch meine Eltern hatten einen Brief erhalten, in dem stand, ich solle besser zuerst einen metallbearbeitenden Beruf ergreifen. Meine Eltern hatten aber anderes mit ihrem einzigen Sohn vor und erreichten es mit vielen Bemühungen, dass ich doch noch eine Oberschule besuchen durfte. Und in dieser Situation habe ich meinen Konfirmationsspruch bekommen!

Für mich war immer die zweite Zeile die wichtigste: »Und verlass dich nicht auf deinen Verstand.« Ich habe mehrfach im Leben erlebt, dass immer dann, wenn ich glaubte, mit meinem Verstand allein käme ich weiter, sich Dinge ereigneten, die nicht mit dem Verstand zu lösen waren. Nun kann ich natürlich in einem Beruf, wie ich ihn habe, nicht meinen Verstand ausschalten. Aber das ist auch nicht gemeint. Der Spruch sagt mir: »Es gibt mehr Dinge zwischen Himmel und Erde, als die Schulweisheit uns träumen lässt« und »Du Menschlein, auch wenn Du glaubst, alles bedacht zu haben, kannst irren«. Ich bin immer wieder an den Punkt gekommen, dass ich mich zu sehr auf meinen Verstand verlassen und dann Mist gebaut habe, wie schon auf der Oberschule, als ich 1961 vorlaut den Staat kritisierte und zeitweise von der Schule suspendiert wurde – zum großen Verdruss meiner Eltern, die mich ja erst mit Müh und Not auf die Oberschule gebracht hatten. Später wollte man mich auch von der Universität verweisen. In diesen Situationen kam mir dann der dritte Teil in den Sinn: »sondern gedenke an ihn in allen deinen Wegen, so wird er dich recht führen.«

Gott hat mich dann doch noch einen recht zielorientierten Weg geführt, zum Studium der Medizin und auch als Strahlentherapeut nach Dresden. Als 1992 die damalige Medizinische Akademie geschlossen wurde und damit eine universitäre Zukunft für die Medizin in Dresden in Frage stand, wurde ich – ziemlich überraschend – für ein Jahr nach Hamburg als kommissarischer Leiter der dortigen universitären Strahlenklinik berufen. Das war zweifelsohne etwas von der »rechten Führung«, denn ein Jahr später wurde in Dresden die Fakultät wieder eröffnet und ich konnte mich von außen bewerben und somit in meine Heimat zurückkehren. Wenn die Wende nur zwei Jahre später gekommen wäre, wäre ich dafür zu alt gewesen!

Vieles auf meinem Lebensweg drückt sich in meinem Konfirmationsspruch aus. Pfarrer Rietschel ist lange tot, aber er hat vor fast 50 Jahren in prophetischer Weise diesen Spruch für mein Leben gewählt. Lange Zeit stand mir nur die Warnung vor Augen: »und verlass dich nicht auf deinen Verstand.« Mehr und mehr sind mir auch die beiden anderen Teile wichtig geworden. Bilanzierend kann ich für mein Leben sagen, dass ich recht geführt worden bin. Das, was ich durch diese Führung als Lebenserfahrung gewinnen durfte, möchte ich zurückgeben. Ich sehe es deshalb als meine Pflicht an, mich ehrenamtlich auch in unserer Kirche einzubringen – mit meinem Verstand. Deshalb würde ich meinem Konfirmationsspruch gern das Wörtchen »nur« hinzufügen: »verlass dich nicht *nur* auf deinen Verstand«. Und nun, mit 63 Jahren, darf ich hoffen, dass ich auch weiterhin recht geführt werde.

Gisela Kallenbach, Jahrgang 1944, ist Mitglied im Europäischen Parlament für Bündnis 90/Die Grünen und war aktives Mitglied der Arbeitsgruppe Umweltschutz seit 1982 in Leipzig.

Jesus in Europa

Alles, was ihr tut, das tut von Herzen als dem Herrn
und nicht den Menschen.
Kolosser 3, Vers 23

Im nächsten Jahr wird es 50 Jahre her sein, dass ich stolz und überzeugt meine Konfirmation feierte. Ich kann mich noch gut an diesen besonderen Tag erinnern. Allerdings weiß ich – ehrlich gesagt – nicht mehr, ob ich den Spruch: »Alles, was ihr tut, das tut von Herzen als dem Herrn und nicht den Menschen« selbst auswählte oder der Pfarrer oder meine Großmutter. Sie war der entscheidende Mensch in meinem Leben, der durch ihr gelebtes Vorbild mich an einen tiefen Glauben heranführte. Sie bestärkte mich in meiner Entscheidung, nicht an der Jugendweihe teilzunehmen, obgleich ich damit in Kauf nahm, nicht die EOS besuchen zu können. Damit bin ich bis heute das einzige Familienmitglied, das kein Abitur ablegte!

Bin ich – bewusst oder unbewusst – mit der Entscheidung für die Konfirmation bereits dem Konfirmationsspruch gefolgt? Ich kann es nicht belegen.

Die geliebte Großmutter starb vier Wochen nach der Konfirmation.

Erinnern kann ich mich auch gut an meine tiefe Traurigkeit im Christenlehre-Unterricht, als uns Jesu Leidens- und Sterbensweg vermittelt wurde. Ich konnte nicht verstehen, dass Gott zulässt, dass sein einziger Sohn unschuldig so betraft wird. Das empfand ich als zutiefst ungerecht.

Vielleicht wurde aber bereits damals der Grundstein gelegt für meinen ausgeprägten Gerechtigkeitssinn? Auch das kann ich nicht belegen, aber darüber nachdenken.

So mag es für mich heute eine schöne Erkenntnis sein, dass die Mahnung des Paulus an die Gemeinde von Koloss zu einem Leitspruch in meinem Leben wurde. Allerdings interpretiere ich ihn wohl schon lange etwas anders. Ich will Gott dienen durch meinen Dienst an Menschen. Ich kann nicht Gott dienen, wenn mir die Menschen und seine gute Schöpfung gleichgültig wären. Nur Gebet im stillen Kämmerlein ohne Auswirkungen auf mein Handeln widerspräche meiner Grundüberzeugung.

Geprägt wurde diese Haltung seit Beginn der 80er-Jahre, als ich mich mit anderen Gleichgesinnten in der Leipziger Umweltgruppe beim Jugendpfarramt versammelte, um einzutreten für den Erhalt von Gottes guter Schöpfung. Ich habe gelitten an dem Missbrauch der Flüsse als Abwasserkanal, am Sterben der Wälder, an der verpesteten Luft. Ich wollte mich von Gott und von meinen Kindern einst fragen lassen können, was hast du getan, oder was hast du unterlassen. Mit diesem Engagement bin ich gewachsen, meine Angst vor den Mächtigen des DDR-Regimes wurde schwächer, mein Rücken gerader. Wesentliche Impulse auf diesem Weg habe ich im konziliaren Prozess erfahren. Ja, genau das war es, was ich suchte und in meinem Leben umsetzen wollte, das Eintreten für mehr Gerechtigkeit, Frieden und Bewahrung der Schöpfung. Das bedeutete Aufbruch und letztlich Umbruch – nicht nur für mich und meinen persönlichen Lebensweg. Als ich dann noch den Dokumentarfilm über Dr. Martin Niemöller mit dem Titel »Was würde Jesus dazu sagen?« gesehen hatte, wusste ich: Ja, so sollte der Idealweg im Leben sein – Christen sollten sich täglich diese Frage stellen.

Mir ist bewusst, dass diese Erkenntnis hohe, nahezu heilige Ansprüche an uns Menschen stellt, und ein Versagen ist nicht ausgeschlossen. Dennoch bin ich froh, dass Gott mich auf die eine oder andere Weise zuweilen an diesen Idealweg erinnert. Auch mein Konfirmationsspruch passt in dieses Bild: Alle täglichen und nicht alltäglichen Dinge mit dem Herzen erledigen – für Gott und somit für die Menschen.

Klingt gut und einfach und ist doch eine Mammutaufgabe.

Als ich mich für die Konfirmation entschied, wusste ich, dass wir durch Gott Vergebung erfahren. Dadurch gestärkt, konnte ich immer wieder neue, wunderbare Aufgaben annehmen und mich schwierigen Herausforderungen stellen. Ich versuche mit meiner Arbeit der fortschreitenden Umweltzerstörung entgegenzuwirken und den Schwächsten in unserer Gesellschaft eine Stimme zu verleihen.

Ich bin überzeugt, dass es in unserem Leben prägende Erlebnisse und Menschen gibt, die unser Denken, Fühlen und Handeln beeinflussen. Mag man sich dessen bewusst sein oder auch nicht. Vielleicht wurde ich durch die Konfirmation – und dem mir verliehenen Spruch – vor vielen Jahren mehr geprägt, als es mir bisher bewusst war.

Matthias Klemm, 1941 in Bromberg (Bydgoszcz) geboren, ist seit 1969 als freischaffender Graphiker und Baukünstler tätig.

Dürers Mutter und Tizians Schwester

Alles was ihr tut mit Worten oder mit Werken, das tut alles im Namen des Herrn Jesus und danket Gott und dem Vater durch ihn.
Kolosser 3, Vers 17

Auf dem Dachboden meiner Großmutter stand ein schwarz lackierter Bilderrahmen. Er umfasste das Bildnis von einem Jesus, der ein Schäfchen auf seinem Arm trägt. Dieses Bild kopierte ich als Kind mit großer Inbrunst. Zu gleicher Zeit schnitzte ich Kasperköpfe aus Feuerholz mit einem entwendeten Küchenmesser. Später, Ende der sechsten Klasse, nahm alles schon konkretere Formen an. Zur Begabung kam der Wille dazu. Neben einer Großkopie von Dürers Geburtshaus auf einer Lebkuchendose zeichnete ich Dürers Mutter, Tizians Schwester, die Sixtinische Madonna, Beethoven, Goethe, Novalis, Lenin und Stalin. Mein Berufswunsch, einmal bildender Künstler zu werden, stand fest.

1955 war die Konfirmation, ein für mich wichtiges Ereignis. Der mir zugeteilte Spruch durch den Ortspfarrer hatte nahezu programmatischen Charakter: »Alles was ihr tut mit Worten oder mit Werken, das tut alles in dem Namen des Herrn Jesus und danket Gott und dem Vater durch ihn.« Dieses Bibelwort sollte mich mein Leben lang begleiten, mehr als mir lieb gewesen ist. Es war mir ernst mit dem Christsein. Meine Eltern sagten: »Wir als Christen leben in einem atheistischen Staat, in dem unser Glaube belächelt wird. Versuche irgendwie, in einer günstigen Situation, dein Christsein zu signalisieren und bringe dich gesellschaftlich dort ein, wo andere sich drücken.«

Das gab mir in vielen Dingen Halt und Richtung, besonders an der Hochschule für bildende Künste, wo ich nach erster Ablehnung doch noch studieren durfte. Hier wurde mir die Doppelfunktion des Bibeltextes von Wort und Werken, von Wort und Bild deutlich. Neben dem Studium von bildender Kunst lernte ich auch, in vielen hitzigen Debatten mit dem Wort umzugehen, möglichst sachlich, wenn aber notwendig, mit dem nötigen Präventivschlag.

Zum anderen wurde mir auch eine zweite Doppelfunktion deutlich – das Verhältnis von bildender Kunst und Verkündigung. Nach vielen Überlegungen kam ich zu der Überzeugung, dass es eigentlich keine christliche Kunst gibt, weil Kunst keine Gnade kennt. Es gibt Kunst mit christlichem Inhalt. Ich nenne mich auch nicht christlicher Künstler, sondern Künstler und Christ. Dass es auch hierin Fehldeutungen gab, zeigt meine Stasiakte: »Herr Klemm sagt, mal ist er Künstler, mal ist er Christ.« Ich habe ein Gewissen als Künstler und eines als Christ und versuche, beides zueinanderzubringen. Das Gegenteil von gut gemalten Bildern sind gut gemeinte Bilder. Als Christ bin ich völlig unkünstlerisch und als Künstler bin ich völlig unchristlich. Ich lebe vom Zuspruch Gottes und lebe hin auf den Anspruch Gottes. Ich versuche, mit dem Kopf zu fühlen und mit dem Herzen zu denken und das nie ohne Spaß, denn wahre Freude ist ein großer Ernst.

Doch zurück zum Bibelspruch. Meine Leidenschaft gilt ja nicht nur dem Bild und der Musik, sondern auch der Literatur. Der Umgang mit dem Wort und der bildenden Kunst hat seine Vorzüge, aber auch seine Gefahren. So dürfen Worte im Bild keineswegs das Kunstwerk erklären, sondern müssen eine weitere

Ebene schaffen. So kann andererseits ein Schriftbild als eine Art flächenhaft gestaltete Architektur wirken mit eigener Aussage.

Was nun das Wort im gesellschaftlichen Bereich betrifft, so haben auch unsere Kinder, die weder Pioniere waren noch zur Jugendweihe gingen, rechtzeitig in der DDR gelernt, Worte zu finden, ohne ängstlich sein zu müssen. Letzten Endes ist jeder Christ dazu aufgefordert, sein Wort in die Waagschale zu legen, wo Ungerechtigkeit sich breitmacht. Das ist nicht jedem lieb und oft unbequem. Zum anderen gehöre ich nicht zu den christlichen Kreisen, die auf ihre Fahnen geschrieben haben: »Bitte keine Fragen, wir haben nur Antworten.« Natürlich rechneten wir auch mit Repressalien in der DDR. Meist wurden meine Arbeiten bei staatlichen Ausstellungen ausjuriert, oder ich wurde im Katalog vergessen. Vorenthaltene Anerkennung und gezielte Nichtbeachtung waren in vielen Dingen meine Bestimmung. Auch nach der Wende galt es sich einzumischen. Der Theologe Helmut Gollwitzer hat folgende Sätze gesagt: »Im kirchlichen Leben gibt es nicht eine Unterscheidung von Haupt- und Nebensache, sondern höchstens eine von Zentrum und Peripherie. Im Zentrum steht der Glaube, auf der Peripherie liegen die Werke; im Zentrum das Evangelium, auf der Peripherie die Politik; im Zentrum das Heil, auf der Peripherie das Wohl des Nächsten. Auf der Peripherie kommt an den Tag, was im Zentrum geschehen ist.«

So bestimmen Aufgaben und Verantwortung unser Leben in einer Intensität, wie wir sie selbst wahrnehmen, sei es in Familie, Freundeskreis, im Umgang mit unseren Gegnern, bei Verhören durch die Staatssicherheit zu DDR-Zeiten, im Kirchenvorstand, der Stadtsynode oder im öffentlichen Leben überhaupt.

Unendlich dankbar bin ich meinem Gott für die Gaben, die er mir gab und auch für die Möglichkeit, diese umzusetzen. Wer sich einmischt, kann irren, wer sich nicht einmischt, hat schon verloren. Nicht alles ging nach meinen Vorstellungen und gerade im familiären Bereich gab es viel Leid. Doch fühlten wir uns nie verlassen, im Gegenteil. Gerade die Kombination von Kunst und Glauben war mir oft ein entscheidendes Ventil in leidvollen Situationen. Darum möchte ich meinem Konfirmationsspruch ein Bibelwort anhängen, das sich für unser Familienleben immer wieder bewahrheitet hat: »Denen, die Gott lieben, müssen alle Dinge zum Besten dienen« (Römer 8, Vers 28).

Anja Koebel, 1968 in Dresden geboren, ist Fernsehmoderatorin beim Mitteldeutschen Rundfunk.

Angst, Dunkelheit und Vertrauen

Der Herr ist mein Licht und mein Heil, vor wem sollte ich mich fürchten? Der Herr ist die Kraft meines Lebens, vor wem sollte mir bangen?
Psalm 27, Vers 1

Ein Raum. Ein dunkler Raum. Schwarz. Nur ich und ein Mann. Es war Mitte der achtziger Jahre. Wir sollten uns finden. Nur einer von uns konnte überleben. Wir mussten uns so verhalten, dass wir uns selbst nicht verraten und gleichzeitig auf ein verräterisches Geräusch vom anderen hoffen. Die Angst stieg. Am Ende habe ich verloren. Ich hätte nie gedacht, dass man es so deutlich fühlen kann, wenn Angst in einem aufsteigt. Das Herz schlägt schneller, der Atem wird lauter, man wird überwältigt von einer Ungewissheit, die so zuvor nie zu spüren war. Und das, obwohl es ein Spiel war. Ich war damals noch aktive Pantomime. Dieses Training sollte dazu dienen, dass wir Gefühle spüren lernen. Ich glaube, wir beide haben danach eine Stunde gebraucht, um das Adrenalin in unseren Körpern wieder auf ein Normalmaß zu bringen. Dieses Erlebnis ist nun schon über zwei Jahrzehnte her und doch kann ich mich noch gut an alles erinnern. Warum? Ich denke, Angst ist ein ganz elementares Gefühl. Sie hilft uns, vorsichtig zu sein, Entscheidungen zu überdenken, andere zu schützen. Sie treibt uns voran und hält uns fest. Wir müssen lernen, mit unserer Angst zu leben. Vielleicht sollte ich sagen, wir dürfen lernen, mit unserer Angst zu leben. Denn in ihr liegt auch eine große Chance: Vertrauen. Ganz sicher habe ich das noch nicht gewusst, als ich 1984 konfirmiert und mir vom damaligen Pfarrer der Konfirmationsspruch ausgesucht wurde. »Der Herr ist mein Licht und mein Heil, vor wem sollte ich mich fürchten? Der Herr ist die Kraft meines Lebens, vor wem sollte mir bangen?« Zwar haben es mir diese Worte immer leicht gemacht, sie anzunehmen, aber im Laufe der Jahre bekamen sie für mich eine andere Bedeutung.

Natürlich gab es auch Zeiten, in denen sie mir nicht so präsent waren. Wie sagte Luther? Christliches Leben ist nicht das Sein, sondern das Werden. Dazu gehören eben auch Wege, die nicht geradeaus führen. Davor sollten wir keine Angst haben. Wichtig ist, dass es Punkte gibt, an denen wir uns festhalten können, die uns in Momenten des Zweifels Sicherheit geben. Der Psalm 27, Vers 1 ist ein solcher Punkt in meinem Leben geworden, ohne dass ich ihn mir ständig vor Augen gehalten habe. Aber wahrscheinlich hat das etwas mit Bestimmung zu tun, mit dem Weg, der einem vorgegeben ist. Wir haben die Chance, diesen Weg zu sehen und ihn anzunehmen oder uns für einen anderen zu entscheiden. Ich habe das Glück, diesen Weg gefunden zu haben. Eine Gewissheit, die ich vor allem im vergangenen Jahr so deutlich, so klar gespürt habe. Meine Mutter erkrankte mit 65 Jahren an einem Gehirntumor. 2005 war das. Die Zeit danach war gezeichnet von Hoffen und Bangen. Als dann im April 2006 klar war, dass es keine Heilung mehr geben würde, versuchten wir lediglich die Zeit, die ihr geschenkt war, so angenehm wie möglich zu machen. Meine Suche nach einem Halt war so groß wie nie zuvor in meinem Leben. Ich hätte mich am liebsten verkrochen, so gewaltig war die Angst vor dem, was auf unsere Familie, auf meine Mutter zukommt. Für uns war klar, dass wir sie nicht in ein Heim geben. Sie sollte dort sterben, wo sie glücklich war: zu Hause. Was folgte, waren Monate, die uns alle wieder vor neue Herausforderungen stellten. Wir haben uns als Familie in Momenten beweisen müssen, die wir zuvor nie anzusprechen gewagt hätten. Wenn ich heute diese Zeit Revue passieren lasse, wundere ich mich, wie wir das alles geschafft haben. Doch ich bin mir sicher: Wir waren nicht allein! Denn der Herr ist die Kraft meines Lebens: Vor wem sollte ich mich fürchten? Vor dem Tod? Nicht mehr! Es war ganz sicher die intensivste Erfahrung meines bisherigen Lebens, einen Menschen in den Tod zu begleiten. Dafür bin ich dankbar. Als ich 1984 konfirmiert wurde, hatte ich solche Erfahrungen nicht. Und doch passte mein Konfirmationsspruch von Anfang an in mein Leben. Ich habe damals nicht ahnen können, dass dieser Psalm mit mir wächst, oder besser, dass ich an ihm wachse.

Kathrin König, Jahrgang 1975, ist freie Journalistin in Leipzig.

Eine Digitaluhr im Himmel

*Lasst uns aber wahrhaftig sein in der Liebe und wachsen
in allen Stücken zu dem hin, der das Haupt ist, Christus.*
Epheser 4, Vers 15

Alles strahlt weiß. Ich fühle mich nicht, höre nur meinen Atem.
Von links pumpt regelmäßig ein Herz. Das ist ja meines! Wo bin
ich? Etwa im Himmel? Wie bin ich hierhergekommen? Hatte
ich nicht in den Sommerferien so viel vor? Angestrengt denke
ich nach. Aber ich komme auf nichts Greifbares. Wo sind die
Engel? Warum nur hängt im Himmel eine große Digitaluhr an
der Wand?

Das sind meine ersten Gedanken, als ich aus dem Koma auf der
Intensivstation erwache. Dass ein Schutzengel mein Leben gerettet hat, wird mir klar, nachdem Krankenschwestern, Ärzte
und Eltern immer wieder betonen, wie viel Glück ich doch beim
Moped-Unfall hatte. Dass ich noch mal davongekommen sei
und überhaupt alles viel schlimmer hätte enden können. Einen
Autofahrer, der die Vorfahrt missachtet und mich derart über
den Haufen fährt, dass mich Mopedteile zerschneiden, Beine
und Schädel brechen, finde ich auch schlimm. Innerlich bin ich
trotzdem ruhig. Alles kommt wieder in Ordnung, bestimmt. Jemand wollte eben nicht, dass ich sterbe. Der Gedanke gefällt

mir. Während ich bewegungsunfähig in und an Schienen, Schläuchen und Geräten liege, male ich mir aus, wie meine Beerdigung wohl ausgesehen hätte. Ob alle Freunde, Verwandte und Mitschüler gekommen wären? Hätten sie richtig geweint wegen meines Abgangs? Mein Gewissen grummelt ziehend im Magen, ich weiß aber nicht, warum. Darf man denn nicht mal wehleidig über seine Beerdigung nachdenken?

Als ich Wochen später an Krücken wieder laufen kann, will ich etwas ändern. Ich möchte so leben, dass ich beim nächsten – dann vielleicht tödlichen – Unfall sagen kann: Bis hierhin hast du viel erlebt, hast Menschen glücklich gemacht und musst nichts bereuen. Denn Reue ist der wahre Grund für mein schlechtes Gewissen. So richtig ernst habe ich vor meinem Unfall nichts genommen. Ich habe öfter Dinge geklaut am Kiosk und in Geschäften, meine Schwester und Eltern angelogen, wenn es nützlich für mich war. Klar, ich bin in der Jungen Gemeinde, singe im Kirchenchor, spiele Flöte und mache allein schon deshalb regelmäßig bei Gottesdiensten mit. Aber beschäftigt habe ich mich nicht mit dem, was Jesus spricht und verlangt.

Dabei ist meine Konfirmation gerade mal zwei Jahre her. Ich habe diesen Spruch mit auf den Lebensweg bekommen: »Lasst uns aber wahrhaftig sein in der Liebe und wachsen in allen Stücken zu dem hin, der das Haupt ist, Christus.« Lasst uns wachsen in allen Stücken – Paulus verlangt nicht, dass man sofort und in allen Stücken schon wahrhaftig ist. Man darf sich also entwickeln, macht Fortschritte oder verrennt sich mal. Dafür braucht man eben Zeit. Das ist gut, denke ich beim neuerlichen Lesen meiner Konfirmationsurkunde. Da hat der Pfarrer eine Bibelstelle ausgesucht, die mir bei der Konfirmation noch so spröde und lebensfremd vorkam. Jetzt weiß ich, dass mir der Spruch bei meinem Vorhaben helfen will. Obwohl ich ihn mir nicht selbst ausgesucht habe, hat er mich doch gefunden.

Seit dem Unfall sind 15 Jahre vergangen. Ich versuche so zu leben, dass ich am Ende nichts bereuen muss. Ob es gelingt, weiß ich noch nicht. Aber seit dem Unfall bin ich mir sicher, dass Jesus an meiner Seite ist und mich beschützt. Das dazu passende Kirchenlied wurde auch bei meiner Konfirmationsfeier Pfingsten 1990 gesungen:

»Es heißt, dass einer mit mir geht,
der's Leben kennt, der mich versteht,
der mich zu allen Zeiten kann geleiten.
Es heißt, dass einer mit mir geht.
Sie nennen ihn den Herren Christ,
der durch den Tod gegangen ist.«
(Evangelisches Gesangbuch 209)

Ehrlicherweise bedeutet mir dieses Lied viel mehr als mein eigentlicher Konfirmationsspruch. Wenn das Lied bei Taufen oder Konfirmationen erklingt, dann wünsche ich den Jugendlichen, dass auch sie sich mit Jesus anfreunden. Vielleicht finden sie ja auf einfacherem Weg zu ihm als über eine Intensivstation.

Ulrich Korbel, Jahrgang 1951, ist Pfarrer in Chemnitz-Schönau und Sportpfarrer der sächsischen Landeskirche.

»Mein Spruch roch nach Arbeit und Entbehrung«

Wer mir folgen will, der verleugne sich selbst und nehme sein Kreuz auf sich täglich und folge mir nach.
Lukas 9, Vers 23

Palmsonntag, 3. April 1966 in der Hospitalkirche zu Schneeberg. 54 Konfirmandinnen und Konfirmanden ziehen mit den beiden Pfarrern ein, der lange Festgottesdienst beginnt. Vorausgegangen war das Pflichtjahr in der Jungen Gemeinde, weil 1965 die Jugendweihe stattfand. Die Gründe dafür sind vielschichtig, dankbar festzuhalten ist: Ohne die einjährige, inhaltsreiche Warteschleife wäre meine Entwicklung sicher anders verlaufen. Weder zu den hohen Zielen des Sozialismus noch zu dem elitär-moralisierenden Frömmigkeitsstil der näheren Umgebung gab es innere Bezüge. Man macht das eben – so wäre es sicher mit der Konfirmation auch geworden, wenn nicht die Zeit im Jungenkreis der Jungen Gemeinde so interessant, offen und herzlich gewesen wäre. Dem Pfarrer, der uns so begeisterte, war ich im Konfirmationsgottesdienst etwas böse: Die anderen bekamen so schöne Sprüche mit Glaube, Liebe und so weiter – mein Spruch roch nach Arbeit und Entbehrung. Man musste ihn halt so nehmen und sich dann mit den Geschenken trösten.

Wenige Jahre später, kurz nach dem Abitur, wurde ich verhaftet wegen staatsfeindlicher Gruppenbildung und Hetze. Auslöser war der 21. August 1968, an dem die Truppen der UdSSR in die ČSSR einmarschierten. Es folgten lange Untersuchungshaft, ein entwürdigender Prozess und schließlich der Strafvollzug in Cottbus. In Gesprächen mit anderen Christen kam einmal die Rede auf die Konfirmationssprüche. Ich wusste ihn noch, zitierte ihn einigermaßen. Ein Mithäftling sagte spontan: Da hast Du ja einen total passenden Spruch bekommen – hier hast Du ja genug zu tragen. Solche Gespräche waren echte Tragehilfe. Christen verschiedener Konfessionen und unterschiedlicher Glaubensstile wuchsen in der Not zusammen. In der Dankbarkeit für alle Hilfe und Bewahrung in dieser schweren Zeit reifte der Entschluss: Du gehst nach dem Knast nicht in den Westen, du bleibst hier, dein Berufsziel, Pfarrer, das in der Schulzeit langsam, vielleicht mit schwärmerischen Einschlägen entstand, hat nun eine feste Basis. Und vor allem: Du brauchst gute Kondition, da ist etwas zu leisten – und du hast gespürt, Nachfolge ist Anstrengung in Geborgenheit.

1974 heirateten wir – unser Trauspruch wurde Lukas 9, Vers 23. Sicher etwas ungewöhnlich und auch nicht persönlich negativ zu interpretieren. Wir dachten an unsere gemeinsame Zukunft und die unserer Kinder. Schon während des Studiums, noch mehr in der ersten Pfarrstelle, waren Kreuz und Hilfe immer wieder Prüfung und Geschenk. Manche hausgemachten Belastungen, vor allem innerkirchlicher Herkunft, erschienen und erscheinen überflüssig, manche Anforderungen an den Geistlichen und noch mehr kleinliche Kritiken sind belastend, nicht nur für ihn. Aber ich habe den besten aller Trainer. Über 26 Jahre hat er mir Kondition für die Gemeindearbeit und Freude an ihr geschenkt. Dieser Trainer gab mir vor Jahren noch ein besonderes »Kreuz-stückchen« dazu, die Arbeit im Sport. Wer dort als Aktiver etwas leisten will, muss auf vieles Angenehme verzichten und das Kreuz des Trainings täglich auf sich nehmen.

Täglich – das ist, trotz vieler Dienstjahre, immer wieder unterschiedlich und spannend. Ruhige, schöne Tage, an denen das Kreuz nicht drückt, werden mitunter von Zeiten abgelöst, wo Stress oder Ärger, Überlastung oder menschliches Versagen sehr tief wirken. Da gilt es, sich daran zu erinnern, dass Nachfolge kein unverbindlicher Spaziergang ist und Hilfe zu erbitten: im Gebet und in der Bitte an die Mitstreiter.

Ich habe oft mit Menschen zu tun, die (scheinbar) weit entfernt vom Glauben sind, die aber viele Fragen haben. Sie wollen keine Phrasen als Antworten, sie wollen keine geistlichen Superstars als Ratgeber. Sie suchen Menschen, die bereit sind, ihre Fragen (die manchmal schon zum Kreuz werden können) und Lasten ernst zu nehmen. Deshalb sind sie beide wichtig, die Kondition für Lasten aller Art und die Konzentration auf das Wichtigste: die frohe Botschaft.

Alexander Krauß, 1975 in Erlabrunn geboren, sitzt seit 2004 für die CDU im sächsischen Landtag und engagiert sich ehrenamtlich in der evangelischen Jugendarbeit.

Ein Fünkchen Mut

Ist Gott für uns, wer kann wider uns sein?
Römer 8, Vers 31

Wir Menschen sind harmoniebedürftig. Wir wollen anderen gefallen. Niemand soll gegen uns sein. Streit gehen wir gern aus dem Weg. Als Politiker geht es einem nicht anders: Weil man gewählt werden möchte, versucht man, Themen zu umschiffen, bei denen kräftiger Gegenwind droht. Das hat unter anderem dazu geführt, dass sich unser Staat mit 1,5 Billionen Euro verschuldet hat (zusätzlich zu einer versteckten Verschuldung von 5,7 Billionen Euro).

Es ist eben schwer, Nein zu sagen, wenn Geld für dieses oder jenes gefordert wird. Wer Versprechungen macht und den Wählern nach dem Mund redet, wird leider häufig an der Wahlurne belohnt – im Gegensatz zu jenen, die ehrlich sagen, was sich der Staat nicht leisten kann.

Römer 8, Vers 31 befreit davon, nach der Zustimmung der anderen zu dürsten. Paulus nennt das Fundament fürs eigene Leben: Es kommt auf Gott an, der mein Leben in seinen Händen hält. Was die anderen von mir denken ist nicht so wichtig. Sich im Strom des Zeitgeistes treiben zu lassen, ist bequem. Aber es führt weg von der Quelle.

Wir leben heute in einer Zeit, in der in unserem Land jeder seinen Glauben frei leben kann. Dennoch sind wir Christen manchmal ängstlich und vertrauen nicht auf die Zusage, dass niemand gegen uns etwas erreichen kann, wenn Gott für uns ist. Mir geht das nicht anders. Soll ich vor dem Essen beten, wenn ich in der Kantine sitze oder auf einer Geburtstagsfeier eingeladen bin?

Zugegeben: Aus Feigheit habe ich schon manchmal darauf verzichtet zu bezeugen, dass ich Gott dankbar bin.

Oder wenn es in Gesprächen um Gott und die Welt geht: Spreche ich dann über meinen Glauben? Mitunter fehlt mir der Mut, obwohl ich eigentlich nichts zu befürchten habe.

Wenn ich es aber tue, dann erfahre ich häufig Gottes Nähe. Ich denke an ein Gespräch mit einem Unternehmer: Als wir über die geringe Geburtenrate im Land sprachen, kamen wir auf den Zukunftspessimismus und das mangelnde Gottvertrauen zu sprechen – weswegen viele junge Menschen ihren Kinderwunsch auf den Sankt-Nimmerleins-Tag verschieben. Oder ich denke an Nichtchristen, die sich aufrichtig freuen, wenn man ihnen zum Geburtstag Gottes Segen wünscht. Ablehnung erfahre ich so gut wie nie. Einen klaren Standpunkt wissen die meisten Mitmenschen zu schätzen.

Der Spruch macht gelassen: Wenn Gott für mich ist, dann bin ich nicht davon abhängig, was andere über mich denken. Mein Wert bestimmt sich nicht dadurch, ob andere für oder gegen mich sind. Es kommt im Leben allein darauf an, wie mein Verhältnis zu Gott ist.

Es reicht ein Fünkchen Mut, um in der heutigen Zeit Gott zu bekennen. Und dieses Fünkchen Mut schenkt mir mein Konfirmationsspruch: »Ist Gott für uns, wer kann wider uns sein?«

Roderich Kreile, Jahrgang 1956, ist seit 1997 Kreuzkantor in Dresden und Leiter des Kreuzchores.

Dem suchenden Verstand eine Richtung geben

Christus spricht: »Ich bin der Weg und die Wahrheit und das Leben; niemand kommt zum Vater denn durch mich.«
Johannes 14, Vers 6

Manches, was den Lebenslauf bestimmt oder ihn wenigstens begleitet, kann man erst in der Rückschau erkennen. So verhält es sich mit meinem Konfirmationsspruch, der mir damals vom Pfarrer ausgesucht wurde.

Dass ich konfirmiert wurde, war eine Selbstverständlichkeit. Aus gutbürgerlichem, künstlerisch geprägtem Hause stammend, besuchte ich selbstverständlich gerne die Kindergottesdienste und dann auch den Konfirmandenunterricht, wie es alle meine Altersgenossen ja auch taten. Mein schon damals stark ausgeprägtes Interesse an Naturwissenschaft geriet nicht, wie es hätte geschehen können, in direkten Konflikt mit biblischen Aussagen – dies war sicher auch dem Geschick unseres Pfarrers zu danken.

Aber die Wahl des Spruches zeigte, dass er meinem suchenden Verstand eine Richtung geben wollte. Nun habe ich aber in der Folge viele Jahre nicht mehr an meinen Konfirmationsspruch gedacht.

Dass ich über die Faszination, die das Orgelspiel auf mich ausübte, zur Kirchenmusik fand, fügt sich in die Richtungsvorgabe des Spruches. Ebenso verhält es sich mit den Transzendenzerfahrungen, die ich in der Bachschen Musik zu ahnen glaubte. Aber der Spruch stellt die Füße des durchs Leben Gehenden auf weiteren Raum: Es ist der Auftrag, den rechten Weg zu suchen, der Auftrag, Wahrheit zu erkennen und der Auftrag, das Leben als Geschenk anzunehmen und in Verantwortung vor der Wahrheit zu gestalten.

Uta Krusche-Räder, Jahrgang 1957, wurde 2006 in Pirna zur ersten Superintendentin der sächsischen Landeskirche gewählt.

Der alte Arthur an der Kirchentür

In keinem anderen ist das Heil, es ist auch kein anderer Name den Menschen unter dem Himmel gegeben, darin sie sollen selig sein.
Apostelgeschichte 4, Vers 12

Die Apostelgeschichte ist schon immer ein tolles Buch für mich gewesen. Sie erzählt von der Zeit nach Ostern. 40 Tage lang ist Jesus den Jüngern erschienen. Er hat sich gezeigt als der, der nach allem Leid den Tod besiegt hat und lebendig ist mitten unter ihnen. Dann Jesu Himmelfahrt – mit allen Fragen, die bleiben. Es wird von Pfingsten erzählt und dem Geschenk des Heiligen Geistes. Von Petrus hören wir, der den Mut zur öffentlichen Predigt hat durch den Heiligen Geist. Und dann diese ganz persönliche Geschichte: Als Petrus und Johannes zum Tempel gehen, treffen sie auf einen Gelähmten. Der bittet um ein Almosen. Die Jünger haben kein Geld und Gut, aber Petrus sagt: »… was ich aber habe, das gebe ich dir: Im Namen Jesu Christi von Nazareth stehe auf und wandle« (Apostelgeschichte 3, Vers 6).

In Jesu Namen – das haben die Apostel nicht nur gesagt. In Jesu Namen – das ist die Erkenntnis, dass dieser ganz besondere Name eine außerordentliche Kraft hat.

In Schönheide im Erzgebirge bin ich aufgewachsen. Die Kirchgemeinde war mir vertraut von Kindesbeinen an. Oft haben wir als Familie in Kirche und Gemeindehaus geholfen – bei der Vorbereitung von Festen oder Rüstzeiten. In der Kurrende sang ich gerne. Musik war mir auch damals schon wichtig und eine besondere Gabe, die Spaß macht und in der Gemeinde einen wichtigen Platz hat.

Dann kam die Konfirmation. Die Konfirmationsvorbereitungen waren von zweierlei bestimmt. Einerseits die Frage nach der Kleidung der Konfirmanden und andererseits die nach der Haltung der Schule zum Thema Konfirmation:

1. Welche Kleider tragen die Mädchen: die schwarzen wie immer oder ist anderes möglich? Der Kirchenvorstand beschloss: schwarz oder – als Zugeständnis – weiß. So traten wir Ende März bei Schnee mit schneeweißen Kleidern an, weil wir unsere Freude zeigen und die Farbe der Auferstehung tragen wollten. Wir waren total aufgeregt. Auf einmal war es uns gar nicht mehr recht, dass alle Augen auf uns gerichtet waren. An der Kirchentür stand der alte Arthur, klopfte mir auf die Schulter und sagte: »In Jesu Namen.« Ich war verwundert. Aber ich hatte keine Zeit, länger darüber nachzudenken. Wenige Zeit später hörte ich meinen Konfirmationsspruch: »... kein anderer Name den Menschen unter dem Himmel gegeben, darin sie sollen selig werden.«

2. Wie verhielt sich die Schule und damit die Obrigkeit zur Konfirmation? Ein Kind, das konfirmiert wird, kann doch wohl nicht im Ernst hoffen, dass es die Erweiterte Oberschule besuchen wird? Die Schule wird dich nicht delegieren, so hieß es. Doch es gab noch den Weg über den Antrag beim Kreisschulrat. Der Antrag war persönlich abzugeben – mit ungewissem Ausgang und langem Gespräch. In Jesu Namen ... Das Wissen um die Kraft dieses Herrn, auf dessen Namen wir getauft sind, hat uns ruhig und getrost gemacht. Dieses Wissen hat uns Kraft gegeben zu warten. Wir haben es als sein Geschenk angenommen, dass es einen Platz für mich gab – an der Erweiterten Oberschule Johann-Gottfried-Herder in Schneeberg.

In Jesu Namen ... So oft im Leben kommen Situationen, in denen es Wesentliches zu entscheiden gibt. In meinem Beruf als Pfarrerin stand ich schon manchmal an solchen Schwellen – wie an der Kirchentür in Schönheide. Wie froh war ich dann, wenn mir einer oder eine im wirklichen oder übertragenen Sinne auf die Schulter klopfte und mir zusagte: In Jesu Namen. Es ist unverzichtbar in meinem Leben, mir immer wieder deutlich vor Augen zu führen: Ich darf die Kraft des Namens Jesu in Anspruch nehmen, für mich und für die Menschen, die mir anvertraut sind.

In Jesu Namen ... geh getrost deinen Weg. Lerne immer wieder Vertrauen in die Kraft, die die Größte ist unter dem Himmel.

Ulrich Kühn, geboren 1932 in Halle/Saale, ist Pfarrer und emeritierter Professor für Systematische Theologie.

Das Geschenk der Zeit

Meine Zeit steht in deinen Händen.
Psalm 31, Vers 16a

Den Vers aus dem 31.Psalm »Meine Zeit steht in deinen Händen« habe ich bei meiner Konfirmation am 14.April 1946 in der Leipziger Thomaskirche von meinem Konfirmator, dem unvergesslichen, aus dem Baltikum stammenden Pfarrer Meder, als Wort für meinen Lebensweg gesagt bekommen. Mein Vater war, 40-jährig, wenige Wochen zuvor in den Nachkriegswirren ums Leben gekommen, die Mutter mit vier Söhnen – ich war der Älteste – stand plötzlich allein da. Der frühe Tod meines Vaters war eine einschneidende Erfahrung, die mir in frühen Jahren die Begrenztheit der menschlichen Lebenszeit eindrücklich vor Augen führte.

Ich wurde auf meinem Lebensweg auch weiter massiv an diese Begrenztheit erinnert: beim ebenfalls frühen Tod meiner Mutter (57 Jahre alt) und beim Tod meiner Frau (sie war 54 Jahre alt). Es waren dies Ereignisse, die nicht zu verstehen sind, die einen stumm werden lassen und nur das eine lehren: Unsere Lebenszeit steht nicht in unserer eigenen Hand. »Menschliches Wesen, was ist's gewesen? In einer Stunde geht es zugrunde.« Es sind Lehrstücke, die das eigene erreichte Lebensalter als überraschend und unverdient erfahren lassen.

In ganz anderer Weise war mein Konfirmationsspruch eine Art Leitmotiv im beruflichen Leben. Ich bin immer wieder gerufen worden: Als überraschend 1949 ein Studienplatz in Leipzig zur Verfügung stand, als mir 1954 eine Assistentenstelle angeboten wurde, danach als Vikar und Pfarrer, als Mitarbeiter im Konfessionskundlichen Arbeitswerk der DDR und schließlich meine verschiedenen Posten als Hochschullehrer. Ich brauchte mich an keiner Stelle selbst zu bewerben – ein besonderer Glücksumstand, der mir aber auch auf dieser Strecke zeigte, dass es wohl ein Anderer ist, der die Lebenszeit lenkt und sie in seinen Händen hat. Und dann immer wieder die Frage, ob ich genügend verantwortungsvoll mit der mir gewährten Zeit umgegangen bin.

Als Ehemann und Vater von vier Kindern musste ich in besonderem Maße lernen, dass meine Zeit nicht mir gehört, sondern dass sie zu teilen und mitzuteilen ist. Und nun, seit zehn Jahren im sogenannten Ruhestand, bin ich dankbar für die mir »noch« gewährte Zeit, von Jahr zu Jahr. Die Pläne relativieren sich, weil es offen ist, welches Ende meiner Zeit gesetzt werden wird. Ich versuche zu akzeptieren, dass auch mein Leben begrenzt ist.

Es ist ein geheimnisvoller Spruch, der seit der Konfirmation mein Leben begleitet hat. Augustin wusste, dass die Zeit mit der Welt von Gott geschaffen wurde und dass sie wie die Welt endlich ist. Aber das Geheimnis besteht vor allem darin, dass mir meine Lebenszeit zugeteilt ist. Das gilt nicht nur im Sinne der äußeren Begrenzung, wie ich es in meinem Leben mehrfach erfahren musste. Sondern es gilt vor allem auch in dem Sinne, dass mir die Zeit anvertraut ist als ein Gut, das es sinnvoll zu gebrauchen gilt. Es ist eine schlimme Erfahrung, wenn wir Menschen begegnen, die »keine Zeit« haben. Es gehört ebenso zu der mir zugewiesenen Zeit, dass es in ihr Ruhepunkte, Ruhezeiten gibt, so wie Gott selbst am siebenten Schöpfungstag ausruhte von seinen Werken. Wo ich nicht mehr zur Ruhe, zu mir selbst, zu meinem Nächsten und zu Gott komme, ist das mir geschenkte

Gut der Zeit missbraucht. Deshalb ist es gut, sich immer wieder an die Zeit als eine anvertraute Gabe zu erinnern, die letztlich in der Hand eines Anderen liegt. »Meine Zeit steht in deinen Händen.«

Christoph Kuhn, 1951 in Dresden geboren, ist gelernter Augenoptiker und seit 1989/90 als freischaffender Autor tätig.

Festhalten und Loslassen

Ein verständiger Mensch hält fest an Gottes Wort,
und Gottes Wort ist ihm gewiss wie eine klare Rede.
Jesus Sirach 33, Vers 3

Mit meinem Konfirmationsspruch hat es folgende Bewandtnis: Er steht, fein säuberlich mit Tinte geschrieben, ganz vorn in der roten Bibel, die mir die Kirchgemeinde damals geschenkt hat: »Ein verständiger Mensch hält fest an Gottes Wort, und Gottes Wort ist ihm gewiss wie eine klare Rede.«
Gedruckt steht der Satz von Jesus Sirach in meiner Bibel nicht, weil er zu den sogenannten Apokryphen gehört – Texte, »so der heiligen Schrift nicht gleich gehalten, und doch nützlich und gut zu lesen« sind, wie es in meiner 180 Jahre alten Luther-Bibel heißt. »Ein verständiger Mensch hält vest...« steht da in Fraktur, und in einer revidierten Fassung lautet es: »... vertraut dem Gesetz ...« oder in der Einheitsübersetzung: »... ist redekundig, seine Weisung ist zuverlässig wie ein Losentscheid.«
Damals kannte ich nur den einen Wortlaut des Spruchs, und ich weiß nicht mehr, was ich davon hielt, darüber dachte, was er mir bedeutete. Ich habe ihn mir nicht ausgesucht – ich glaube, niemand aus unserer Gruppe suchte sich seinen Spruch aus –,

sondern unser Pfarrer fand für uns die Sprüche und sprach sie uns im Konfirmationsgottesdienst zu.

Hat unser Pfarrer mich für einen verständigen Menschen gehalten oder für einen, der es erst noch werden müsste? Ich bin eher altklug gewesen, naseweis, und war kaum für Fragen der Religion oder Philosophie zu gewinnen.

Anderes war wichtiger: Ich fing an, mich für Beatmusik zu interessieren, für Mädchen, für Feten, für Astronomie. Was die Konfirmation direkt betraf, kam das Sinnliche auch vor dem Geistlichen. In der sonnigen Veranda der Tisch voller Geschenke: Die goldene Armbanduhr mit Datumsanzeige, die ersten drei Bände »Der Mensch und das Leben« (wohl als Pendant zum Jugendweihe-Buch »Weltall, Erde, Mensch«, Kleists Werke, Heldensagen, Manschettenknöpfe, eine Kollegmappe, ein Necessaire, eine Brieftasche, Spargeschenkgutscheine, Kuverts mit Banknoten, über 50 Glückwunschkarten und Briefe, Blumen.

Der Geruch des Aprilsonntags 1966. Palmarum. Nach der Bescherung Kirchgang im neuen Anzug. Feierlicher Einzug der 15 Konfirmandinnen und Konfirmanden. Erstes Abendmahl, kniend empfangen. Aroma des Weins, der Kerzen, Parfümduft.

»Heute ist nun der große Tag!« schreibe ich ins Tagebuch und erwähne auch Einzelheiten der Vorbereitung: Schlips binden lernen. Silber putzen. Kuchen holen. Essgeschirr borgen. Mit Namen versehene Töpfe zur Gaststätte bringen. Das festliche Mittagessen: Zunge, Kartoffeln, Spargel. Zum Nachtisch Ananaskompott mit Schlagsahne. Die Rede meines Vaters über besondere Rechte – mehr Kino, Theater und Fernsehen – aber auch mehr Pflichten mit dem heutigen Tag. Bohnenkaffee, Torten. Kalte Platten zum Abendbrot, dann Erdbeerbowle. Aufbleiben mit den Erwachsenen bis nach Mitternacht. Beobachten, wie das Datum vom dritten zum vierten April weiterrückt.

Der Festtag ist vorbei, die Befestigung geht weiter. Mir fällt auf, dass der Satz vom Festhalten ein besonders gut passender Konfirmationsspruch ist. Und ich merke, nach vierzig Jahren, dass er eigentlich gut zu mir passt. Festhalten (und Loslassen) ist ein Lebensthema. Woran habe ich (mich) nicht schon alles festhalten wollen, was meinte ich nicht alles festhalten zu müssen. Was sammelte ich alles: Briefmarken, Fotos, wieder und wieder Steine und Muscheln. Die Fragen sollte ich mir immer neu stellen: Was brauche ich? Woran halte ich mich? Ich erfahre, was Halt gibt und was haltlos werden lässt. An Gottes Wort hält sich ein verständiger Mensch, heißt es. Dass die anderen Übersetzungen so verschieden sind, braucht mich nicht mehr zu kümmern; ebenso wenig, ob die Apokryphen gleichwertige heilige Schriften sind. Weil für mich Gottes Wort sowieso nicht nur in der Bibel steht, sondern immer wieder neu gesagt werden muss. Und ob die Rede klar ist und der Zuspruch gewiss, das versuche ich im Leben zu überprüfen.

Thomas Küttler, 1937 in Schwarzbach geboren, war von 1979 bis 2002 Superintendent in Plauen und lebt heute in Leipzig im Ruhestand.

Fügungen auf dem Weg von West nach Ost

Wir wissen aber, dass denen, die Gott lieben,
alle Dinge zum Besten dienen.
Römer 8, Vers 28

Diesen Konfirmationsspruch haben mir meine Eltern ausgesucht. Das Wort sollte mir helfen, das Gute zu entdecken, das in meinem Lebensweg lag. Der war in sofern etwas ungewöhnlich, als ich noch vor meinem zwölften Geburtstag meine Heimat verlassen musste, um »im Westen«, wie wir damals sagten, eine weiterführende Schule besuchen zu können, was meinen größeren Geschwistern zunehmend unmöglich gemacht wurde. Erwachsene sagten mir: Das ist doch eine großartige Chance für dich. Ich aber litt unter Heimweh. Zu krass war der Wechsel aus dem vertrauten Umfeld eines sächsischen Dorfpfarrhauses in die Großstadt Hannover als Pflegekind in einer anderen, wenn auch verwandten Familie, mit der ständigen Ungewissheit, ob die SED-Behörden Heimreisen gestatten würden. Welche Hilfe in diesem Konfirmationsspruch steckte, habe ich damals bestenfalls ansatzweise gemerkt.

Aussagekräftiger erwies er sich sechzehn Jahre später, als er unser Trauspruch wurde. Ich war 1965 nach Sachsen zurückgekehrt, wo ich meine Frau kennengelernt hatte. Ihre Versuche, die Ausreise aus der DDR zu erlangen, waren erfolglos geblieben. Inzwischen war die Mauer in Deutschland schon vier Jahre alt. Bei meinem Weg von West nach Ost erhielt ich auch manchen ermutigenden Zuspruch, spürte aber auch innerliches Kopfschütteln. Von Chancen jedenfalls war weniger die Rede. Aber jenes Pauluswort bestätigte sich und half mir, die neue Situation, die anfangs nicht einfach war, innerlich anzunehmen und das Glück nicht zu verpassen, das in Ehe und Familie und auch in Beruf und Gemeinde auf uns wartete.

Nach einem Vierteljahrhundert kam die große Überraschung: Die furchtbare Grenze mitten durch Deutschland, die uns jahrzehntelang so viel Belastungen, ja Leid verursacht hatte, verschwand durch eine der glücklichsten Fügungen der deutschen Geschichte. Und es war uns vergönnt, in Plauen dabei kräftig mitzuwirken. Dass ich am 7. Oktober 1989 zu mehreren Tausend freiheitshungrigen Menschen sprechen würde, wäre mir vorher nie in den Sinn gekommen. Das hat sich so gefügt. Ich spreche gern von Fügungen. Darin drückt sich aus, dass Dinge, die scheinbar ganz sperrig sind und zunächst überhaupt nicht zusammenpassen, mit einem Mal zusammengefügt werden, als müsste es so sein. Mein Konfirmationsspruch drückt genau dies aus und benennt Gott als den, der alles zum Guten wenden kann, ja, mehr noch, der es so fügt, dass, was immer es sei, es zum Guten beitragen muss. Und wenn sich etwas nicht gefügt hat in meinem Leben, dann war es auch besser so.

Wenn Paulus sagt: Das gilt »denen, die Gott lieben«, dann ist das nicht als Vorbedingung gemeint. Das Gute bewirkt Gott nicht als Lohn nach dem Maß unserer Liebe. Wir dürfen daraus kein »wenn« oder gar »so weit« hören, sondern ein »indem«. Indem wir Gott lieben, fügt sich alles zum Guten. Unsere Liebe zu Gott besteht in einem Vertrauensverhältnis zu ihm und ist Reaktion auf seine Liebe. Das habe ich immer aus meinem Konfirmationsspruch herausgehört: Es kommt auf mein Verhältnis zu Gott an. Ohne Gott ist alles, was uns widerfährt, noch nicht einmal Schicksal, sondern nur Wirrsal. Wir wissen zwar oft nicht, was wir beten sollen, sagt Paulus kurz vor diesem Satz, aber wir wissen, dass Gott uns ans Ziel bringt.

Die größte Bewährungsprobe hat mein Konfirmationsspruch noch vor sich. Das »Beste« (Paulus spricht wörtlich von dem »Guten«) – liegt das nicht bereits hinter mir? Die »besten Jahre«? Wir wissen aber, dass denen, die Gott lieben, alle Dinge, auch das Schwere, das Dunkle, das Ungute, das nicht ausbleibt, zumal wenn man alt wird, zum Besten dienen, nämlich zu dem, was die Bibel das »ewige Leben« nennt, das vollendete (nicht das endlose) Leben, die Teilhabe an Gottes Herrlichkeit, heute noch kaum vorstellbar, aber doch schon geschmeckt und gefühlt in den wunderbaren Fügungen meines Lebens.

Hannah Lau, geboren 1986 in Leipzig, stammt aus einem sächsischen Pfarrhaus und studiert im bayerischen Eichstätt Journalistik.

Balsam für eine wütende Seele

Weil du in meinen Augen so wert geachtet und auch herrlich bist und weil ich dich lieb habe. Ich gebe Menschen an deiner statt und Völker für dein Leben.
Jesaja 43, Vers 4

Selbstbildnis mit vierzehn Jahren: blasses Gesicht mit trotzigem Blick, ein schlabberiges Sweatshirt und auf dem Rücken ein Armeerucksack mit Tipp-Ex-Anarchiezeichen. So viel geballte Wut auf die Welt und so viel Angst davor, nicht geliebt, nicht gemocht zu werden. Ich hasste Gott, denn ich fand, dass es genügend Gründe dafür gab. Der wichtigste: Ich glaubte nicht, dass er mich liebte. Dafür fehlten mir die Beweise. Also liebte ich ihn auch nicht.

Ich habe mich konfirmieren lassen, weil ich dachte, meine Verwandten und Eltern sähen es gern. Meine Konfirmation war mir lästig, der Konfirmationsspruch nichts mehr als ein paar Worte auf Papier. Die Konfirmationsurkunde verschwand und ist wohl irgendwann im Müll gelandet.

Seit meiner Konfirmation hat sich viel verändert. Der Armeerucksack liegt auf dem Dachboden. Jetzt nimmt ihn manchmal meine dreizehnjährige Schwester. Gott bin ich durch meine jugendliche Wut näher gekommen. Aus Trotz wurde Interesse, aus Interesse eine Freundschaft. Meinen Konfirmationsspruch habe ich erst vor Kurzem wiedergefunden.

»Weil du in meinen Augen so wert geachtet und auch herrlich bist und weil ich dich lieb habe. Ich gebe Menschen an deiner statt und Völker für dein Leben.« Die Worte wecken ganz widersprüchliche Gefühle.

Ich lese Jesaja 43, eins bis sieben, überlege, was ich über den historischen Zusammenhang weiß. Gott spricht zu seinem Volk, welches unter der babylonischen Gefangenschaft leidet. Er spricht zu denen, die an ihn glauben. Er zürnt seinem Volk nicht mehr, hat ihm vergeben, zeigt sich liebevoll und beschützerisch. Tatsächlich ist es so, dass mir dieser geschichtliche Kontext nicht hilft. Ich bin nicht Israel, ich bin eine einzelne Frau zwischen sechs Milliarden Menschen. Was bin ich schon in dieser Welt? Es reicht doch, sich dieses Zahlenverhältnis zu veranschaulichen, um die eigene Bedeutungslosigkeit im erdrückenden Maße zu spüren. Ich fühle mich wie mit vierzehn Jahren: irgendwie verloren angesichts so großer Worte, die ich nicht annehmen kann.

Darf ich mich angesprochen fühlen? Ich lese meinen Spruch noch einmal und setze versuchsweise meinen Namen ein. Ich gebe zu, es ist ein gutes Gefühl zu hören, dass jemand mich lieb hat. Ein Schub für das Selbstbewusstsein, eine Umarmung, ein warmer Händedruck, durch den ich dem manchmal so fernen Gott nah sein kann. Trotzdem ist da noch Verunsicherung. Ist es nicht grausam, wenn er Menschen und Völker für mein Leben opfern würde? Oder sind seine Worte symbolisch gemeint? Ich will den Text anders verstehen, ich will ihn aufnehmen können als ein Teil von mir und meinem Leben, ihn mir schön reden, kann es aber nicht. Ich sage mir, wie ich es mir oft sage: Gott ist nicht ausschließlich gut. Gott ist beides: Licht und Schatten. Und so ist auch dieser Spruch.

Gottes Liebe zu den Menschen ist gewaltig. Er bekennt sie ganz offen. Sie tut gut, ist Balsam auf einsamen Herzen und Seelen. Wie selten sagen wir uns heute: »Du bist wertvoll« oder »Ich schätze dich«. Wie selten ist ein ernst gemeintes »Ich hab dich lieb«.

Gottes Liebe ist aber auch zerstörerisch. Ja, sie jagt mir Angst ein. »Ich gebe Menschen an deiner statt und Völker für dein Leben.«

Vielleicht brauchen mein Konfirmationsspruch und ich einfach Zeit. Wir haben uns ja gerade erst kennengelernt. In einem Jahr lese ich ihn vielleicht ganz anders, mit einem ganz anderen Bewusstsein.

Ich bedaure es jetzt ein wenig, dass ich damals keine Zeit aufgewendet habe, mich mit meinem Spruch auseinanderzusetzen. Vielleicht hätte er mir helfen können, damals mit 14 Jahren, mit schwarzen Haaren und dem Anarchiezeichen auf dem Rucksack. Vielleicht hätte ich mich ein bisschen weniger einsam und ein wenig mehr geliebt gefühlt.

Gern würde ich mich noch einmal konfirmieren lassen. Nun aus eigenem Entschluss und ehrlichem Empfinden.

Thomas Lieberwirth, geboren 1955 in Limbach-Oberfrohna, ist verheiratet, hat drei erwachsene Kinder, ist Moritzburger Diakon und arbeitet als Geschäftsführer der Männerarbeit der sächsischen Landeskirche.

»Mensch, mach dich nicht verrückt«

Alles, was ihr tut, das tut von Herzen als dem Herrn
und nicht den Menschen.
Kolosser 3, Vers 22

Ehrlich, mein Konfirmationsspruch stand nie sonderlich im Mittelpunkt meiner Gedanken. Zwar habe ich mich gelegentlich an ihn erinnert, aber lieber war mir zum Beispiel unser Trauspruch (Röm 8, Vers 15).

Das hat gute Gründe. Die »mangelnde Popularität« des Satzes aus dem Kolosserbrief in meinem Bewusstsein dürfte an zwei Dingen liegen:

Zum einen ist er eine Aufforderung, ein Appell. Eigentlich sollten Bibelsprüche zu solch sakralen Anlässen Trostworte sein, oder? Für einen Teenager ist jedenfalls diese Satzform einigermaßen schwer verdaulich. Wer lässt sich schon gern vorschreiben, was und vor allem wie er etwas zu tun hat? Auf dem Appell-Ohr ist man (in diesem Alter besonders) schwerhörig, gerade in der Kirche.

Zum anderen klingt mein Konfirmationsspruch irgendwie ein bisschen »inhuman«, den Menschen nicht recht zugewandt. Tut alles »als dem Herrn« geht ja noch. Aber »nicht den Menschen« – wo bleibt da die Nächstenliebe? Das hört sich doch so ganz nach

89

Pflichterfüllung an, wie Punktesammeln im Himmel – irgendwie »gesetzlich« und gar nicht christlich fröhlich. Unser Trauspruch ist da von einer ganz anderen Qualität! Der war im Gegensatz zum Konfi-Spruch selbst gewählt!

Und – als wäre das noch nicht genug – lautet das erste Wort des Satzes »alles«! Das heißt: keine Ausnahme, Totalanspruch! Ich selbst bleibe völlig auf der Strecke, falle unter den Tisch!?

Soviel als Erklärung meiner Distanz zu dem Bibelwort, dass mir an der Schwelle zur »Religionsmündigkeit« (welch scheußliches Wort) zugesprochen wurde. Das ist inzwischen über 37 Jahre her. Seitdem hat sich eine Menge Erfahrung angesammelt, im Leben und im Glauben. Ich habe in den zurückliegenden Jahren viele Dinge getan, »gemacht« eben. Bisweilen vielleicht zu viele?

Und so dämmert mir beim Schreiben dieser Zeilen: Der Spruch ist so schlecht nicht gewählt.

Dieser Satz regt ganz gewiss an nachzudenken, sich (zu-)rückzubesinnen oder zu (neudeutsch) »reflektieren«. Denn etwas tun ist das eine, aber warum, wozu, wofür die andere, wichtigere Seite dieses Bibelwortes. Der entscheidende Begriff dahinter heißt »Motivation«, und die ist für einen glaubenden Menschen erstrangig. Schließlich bin ich als Christ nicht bloß ein »Macher«, vielmehr ist meine Berufung die eines »Gesandten« oder »Botschafters«. Die Verbindung zum Sendenden, also meinem Auftraggeber, steht im Mittelpunkt.

Mein Konfirmationsspruch stellt keine Alternative auf: etwas für Gott oder Menschen zu tun. Er zeigt nur die Handlungsperspektive auf, worum es letztendlich in meinem Leben gehen soll – und das auf der »ganzen Linie«. In dieser Ermahnung steckt der Hinweis bei meinem Tun, weder auf das Publikum noch auf die Kollegen zu schielen, wie sie das finden. Es ist zwar nicht ganz unwichtig, jedoch zweitrangig. Zuerst geht es bei allem um Gott.

Ach ja, »Herz« steht da auch noch.

Nun, da bleibt eine gewisse Ungereimtheit, die ich selbst nicht ganz aufklären kann. Was ich tue, soll vom Herzen kommen, also keine nur notwendige Pflichterfüllung sein, die eben getan werden muss. Aber es bleibt eine Ermahnung, die mein Leben, meine Verhaltensweisen bei jeglicher Tätigkeit immer wieder in Frage stellt – und das besonders in meinem Beruf als Diakon: Warum machst Du das (so)?

Wahrscheinlich ist der Spruch die Bremse eigener Eitelkeit. Das hat geradezu etwas Moralisches. Aber er ist auch die gute Nachricht: »Mensch, mach dich nicht verrückt.« Welch eine Erleichterung, die diese Verpflichtung enthält! Das letzte Urteil über mein Tun fällen nicht Menschen, sondern Gott. Er ist der Maßstab und der Motivator. Deswegen: »Mach' es für ihn, und mach's gut!« Von Herzen eben. Und ich antworte: »Mach ich!« (Ich versuche es jedenfalls täglich aufs Neue.)

Gudrun Lindner, Jahrgang 1955, war von 1996 bis 2007 Präsidentin der sächsischen Landessynode. Sie ist auch Mitglied der Synode der Evangelischen Kirche in Deutschland (EKD) und arbeitet als gerichtlich anerkannte Betreuerin.

»Warum Conrad, warum unser Sohn?«

Selig sind, die da hungert und dürstet nach der Gerechtigkeit, denn sie sollen satt werden.
Matthäus 5, Vers 6

Ein Konfirmationsspruch ist kein Mirakel. Deshalb ist es gut, wenn sich Pfarrerinnen und Pfarrer zusammen mit den Konfirmanden über die Bibel beugen, die Texte prüfen und gemeinsam ein Wort aussuchen, welches über den Festtag der Konfirmation hinausweisen kann. Aber es ist auch gut, sich ein Wort zusagen zu lassen. Ein Wort, nicht selbst gesucht, kein Lieblingswort, sondern mir aufgegeben. So war es bei mir.

Unser Pfarrer ließ sich nicht erweichen und prüfte uns Konfirmanden vor der versammelten Gemeinde über Bibeltexte, den Lebenslauf Luthers und die Reihenfolge der biblischen Bücher. Da kamen wir Jugendlichen ganz schön ins Schwitzen: Die Seligpreisungen – wer kennt die Seligpreisungen? Dabei richteten sich seine Augen auf mich. Konzentriert trug ich den Text vor. Nur an einer Stelle versprach ich mich: Selig sind, die da hungert und dürstet nach der Gerechtigkeit *willen*, denn sie sollen satt werden.

Eine Woche später, am Altar kniend, hörte ich meinen Konfirmationsspruch:

»Selig sind, die da hungert und dürstet nach der Gerechtigkeit, denn sie sollen satt werden« – da hatte es mir mein Konfirmator ins Gedächtnis geschrieben. Dass mir dieses Wort aus Matthäus 5 nicht nur zum Lernen aufgegeben war, habe ich oft spüren dürfen. Es hat mein bisheriges Leben in wunderbarer Weise geprägt. Aufgewachsen in einer harmonischen und traditionell geprägten Familie, hatte ich mich bereits in der Schule zu bewähren. Der Schuldirektor verlangte von mir eine Absage an die »christliche Weltanschauung« und wollte dann auch mein Abitur befürworten. Anderenfalls prophezeite er mir »Steine klopfen …«. Ich war zornig und ohnmächtig zugleich. Steine klopfen brauchte ich nicht, durfte sogar einen wunderschönen Beruf erlernen: Hotelkauffrau.

Während des Konfirmationsgottesdienstes hatte ich ganz still für mich mit Gott gesprochen: Wenn Du mich gebrauchen kannst – ich will. Der Herrgott nahm mein Übergabeangebot an und sendete mich doch irgendwie zum Steine klopfen: Junge-Gemeinde-Leitung, Woche für Woche, sieben Jahre lang, Mitarbeiterkreis im Kirchenbezirk, Monat für Monat viele Jahre lang, Kirchvorsteherin und Kirchkassiererin in meinem kleinen Heimatdorf mit nächtlichen Sitzungen zu den Alltagssorgen einer Gemeinde und Begegnungen der besonderen Art mit frustrierten oder gottlosen Mitbürgern. Da gab es Gelingen und Enttäuschung, Ärger und Freude in fröhlichem Wechsel. Allerdings gab Gott eins obendrauf beziehungsweise zur Seite: Er führte mich mit einem Mann zusammen, der bereit war, mit mir sein Leben zu teilen. Inzwischen sind wir seit 26 Jahren verheiratet, und uns wurden drei Kinder geschenkt. Aber auf uns wartete auch eine gemeinsame Last. Unser Sohn Conrad erkrankte mit 19 Jahren an Leukämie. Warum Conrad, warum unser Sohn? Es gibt so viele Alte, Uralte, die sich nach dem Ende sehnen, warum ein so junger Mensch? Oh, da klebte die Zunge am Gaumen und ich hatte Durst auf die Lebensquelle, die zu versiegen drohte. Conrad selbst bereitete sich und uns auf seinen Tod vor. Gemeinsam arbeiteten wir uns durch die Zeit bis an jenes Tor zur Ewigkeit. In dieser Zeit haben wir erlebt, dass die Kraft nur bis zum Abend reicht. Aber es gibt Kraft bis zum Abend und die matte Hand schöpft doch aus der Quelle des ewigen Lebens. Wir sollten zurückbleiben, um noch zu tun, was uns zu tun gebühret.

So arbeite ich frohgemut weiter im Auftrag meines Herrn im Beruf als Betreuerin, in der Landessynode meiner sächsischen und in den Gremien der gesamtdeutschen Kirche. Dabei bitte ich den Dreieinigen Gott, dass er mir den Hunger und Durst nach Gerechtigkeit erhalte, damit ich nicht bequem und lau werde, sondern die Nöte der Menschen um mich wahrnehme, für die Stummen rede und den Gaben der Schwachen zur Geltung verhelfe. So mahnt und ermutigt mich mein Konfirmationsspruch. Allen Konfirmanden wünsche ich den Mut, sich ein Wort zusprechen zu lassen, auch wenn sich die tiefere Bedeutung erst über das gesamte Leben hin entfaltet.

Manuela Lißina-Krause, Jahrgang 1977, ist Journalistin und im Bereich Pressearbeit tätig.

Auf der Suche nach einem sturmsicheren Dach

Dein Wort ist meines Fußes Leuchte und ein Licht auf meinem Wege.
Psalm 119, Vers 105

Konfirmation – warum das denn? Diese Frage stellte mir eine Arbeitskollegin, als ich 26 Jahre alt war. Eine vollständige Antwort konnte ich – noch dazu auf dem Weg zur Betriebskantine – nicht recht geben.

Zu diesem Zeitpunkt war ich in Sachen Glauben und Bekenntnis zum Glauben eher unsicher. Dass es sich unter den Kollegen rumgesprochen hatte, dass ich einen Tauf- und Konfirmationskurs besuchte, war mir beinah peinlich.

In zweifelnden Momenten dachte ich: Was soll das mit dem Glauben? Kann ich überhaupt glauben? Ist Glauben nicht die Kapitulation gegenüber dem Wissen? Und wie kann ich behaupten zu glauben, obwohl ich viele Bibelstellen als ein Stück »Belletristik«, als überlieferte Erzählungen aus einer fernen Zeit empfand?

Doch neben diesen Zweifeln stand das Gefühl, etwas gefunden zu haben – etwas, das vielleicht einem großen Dach ähnelt. Bei diesem Dach wusste ich nicht genau, ob es wirklich an allen Stellen regendicht und sturmsicher ist, ob es nur momentanes

Obdach ist oder längerfristig über mir aufgespannt bleiben wird. Es war ein Dach, von dem ich einige Jahre zuvor selbst noch gedacht hatte, es wäre irgendwie nicht zeitgemäß. Dennoch gab es mir plötzlich im Großen und Ganzen das Gefühl, aufgehoben zu sein.

In der Paul-Gerhardt-Gemeinde in Leipzig-Connewitz trafen wir uns damals: Eine Zahnärztin, eine Studentin, eine Pädagogin, eine angehende Journalistin und der Pfarrer der Gemeinde. Relativ verkopfte Menschen also, die ihre Hoffnungen, Zweifel, Irritationen, die Bibel und grünen Tee in die Runde einbrachten.

Unser Tauf- und Konfirmationskurs machte uns deutlich, wie schwer es ist, den Glauben, der in uns gärte, rumorte und wachsen wollte, in Worte zu fassen. Wie schwer es ist, als atheistisch aufgewachsener Mensch den Weg zu Christus zu finden und zu gehen, sich diesen Weg – in gewisser Weise – zu erlauben.

Die für mich wichtigste Anmerkung meines Pfarrers: »Glaube« kann auch als »Vertrauen« übersetzt werden. Damit hatte er mir den Schlüssel gegeben, der genau in das Schloss passte, das noch zwischen mir und dem Glauben hing. Mit meinem Glauben stelle ich seitdem Vertrauen oben an und nicht, wie ich befürchtet hatte, Nichtwissen oder irgendetwas anderes »Verneinendes«. Doch auch wenn es auf den ersten Blick leicht scheint: Gelegentlich fällt es mir schwer zu vertrauen. Meinen Glauben verstehe ich deshalb bis heute eher als eine Übung, dieses Vertrauen in und auf Gott wachsen zu lassen.

Bei diesem Geübe ist mir mein Konfirmationsspruch aus Psalm 119 ein zuverlässiger Begleiter: »Dein Wort ist meines Fußes Leuchte und ein Licht auf meinem Wege.«

Da steckt doch Vertrauen drin. »Dein Wort ist meines Kopfes Leuchte« würde aber auch passen: Zu mir als spät Konfirmierter, die den Glauben eben nicht schon von Anfang an als Kind mit viel Gefühl, sondern erst als analytisch denkende Erwachsene kennengelernt hat.

Doch auch das mit dem »Licht auf meinem Wege« entwickelt sich: Zu den gedruckten und gehörten Worten, die bis heute für mein Vertrauen auf Gott zentral sind, tritt die alltägliche Handhabung des Glaubens, die ihn für mich zum echten Wegbegleiter macht.

Nun ist dieser Begleiter nicht immer bequem. Sobald ich mit jemandem in Konflikt gerate und den anderen – zumindest im ersten Impuls – gern auf den Mond schießen würde, ist der Glaube als Begleiter da und fragt lieblich lächelnd: Wie wäre es mit Vergebung oder zumindest Respekt? Sehr witzig!

Doch mittlerweile lasse ich mich gern darauf ein. Immerhin weiß ich, dass der Begleiter auch dann da ist, wenn ich mich angegriffen, verletzt oder unsicher fühle. Seine Botschaft in solchen Momenten: Es gibt ein Fundament, das trägt und ein Dach, das schützt. Vertrau darauf!

Dorothee Lücke, Jahrgang 1967, ist Pfarrerin und Leiterin des Evangelischen Forums in Chemnitz.

»Ich wäre so gern anders gewesen …«

Nicht ihr habt mich erwählt, sondern ich habe euch erwählt und bestimmt, dass ihr hingeht und Frucht bringt und eure Frucht bleibt.
Johannes 15, Vers 16

Ich bin Pfarrerstochter. In meiner Kindheit und Jugend empfand ich das meistens als ganz in Ordnung. Manchmal war es mir aber auch eine Last. Besonders schwierig war es im Konfirmandenunterricht, wenn die anderen über den strengen Pfarrer schimpften. – Der war ja mein Vater.
Dennoch war ich eine Muster-Konfirmandin. Das Lehrbuch hatte ich schon gelesen, bevor ich überhaupt Konfirmandin wurde. Ich hatte es auf dem Schreibtisch meines Vaters gefunden. Biblische Geschichten, Lieder, Gebete – ich kannte den Lehrstoff von meinen Eltern, meiner Oma, aus dem Kindergottesdienst, aus meinen Bilderbüchern und aus Comic-Heften, so genannten Bibel-Comics.
Heute frage ich mich, warum ich als Konfirmandin so angepasst war, nicht irgendwann genug von dem hatte, was ich so intensiv jahrelang gehört hatte. Ich erkläre es mir damit, dass ich mich einfach immer sehr für die Frage nach Gott interessierte. Das war meine Faszination. Bereits in der zweiten Klasse schrieb ich

Predigten und wollte Pfarrerin werden. Oft machte ich mir aber auch Sorgen über das, was ich von Gott erfahren hatte. So sagte ich am Abend vor meinem siebenten Geburtstag: »Wenn heute Nacht Jesus wiederkommt, dann bin ich aber doch ein bisschen ärgerlich.« – Ich fürchtete um meine Geschenke.

In meiner Konfirmandenzeit begann ich aber auch zu fragen, was ich wirklich selbst glaube. Vieles Überlieferte und Angelernte wurde mir fraglich. Ist Gott wirklich so, wie sie ihn mir im Kindergottesdienst geschildert hatten?

Meine Zweifel bedrückten mich. Ich fühlte mich nicht mehr eins mit Gott, hörte nicht mehr sicher seine Stimme, wie ich es als Kind getan hatte.

Gleichzeitig haderte ich als Musterkonfirmandin mit meinem Aussehen, meiner Kleidung. Mit meinen Interessen fühlte ich mich einsam und sonderbar. Ein Klassenkamerad nannte mich zu meinem Leidwesen »die Unschuld vom Lande«. Ich wäre so gerne anders gewesen, wusste aber auch nicht, wie.

Dann kam die Konfirmation. Meinen Konfirmationsspruch bekam ich zugesprochen. So hatte ich es mir gewünscht. »Nicht ihr habt mich erwählt, sondern ich habe euch erwählt« hörte ich am Altar. Ich empfand meinen Konfirmationsspruch als großes Geschenk. Er war mir ein Zuspruch hinein in meine Zweifel und in meine Unzufriedenheit mit mir selbst. Gott sagt »Ja« zu mir. Er hat mich erwählt.

»Erwählen« bedeutete mir nicht, dass er mich vor jemand anderem ausgewählt hätte. Der Spruch sagte mir, dass ich Gott wichtig bin, er mit mir etwas vorhat. Dass ich die sein darf, die ich bin.

Diese Zusage Gottes steht bis heute für mich im Zentrum dessen, was ich glaube.

Ich bin dem Interesse meiner Kindheit und den Fragen meiner Jugend gefolgt: Mit großer Lust habe ich sieben Jahre lang Theologie studiert, ein Jahr davon an der Hebräischen Universität in Jerusalem. Dabei habe ich mich intensiv mit dem Judentum beschäftigt, jüdische Freundinnen und Freunde gefunden, bin in die Synagoge zum Gottesdienst gegangen und war beeindruckt von den jüdischen Festen. Diese tiefe Begegnung mit einer anderen Religion half mir, meine Religion, die ich doch so gut zu kennen meinte, neu zu entdecken. Sie machte mir die Schätze im Christentum neu bewusst und war mir eine Hilfe, mich wirklich für den Beruf der Pfarrerin zu entscheiden.

Heute als Pfarrerin, verantwortlich für das Evangelische Forum in Chemnitz, versuche ich meine Erfahrungen und meine Fragen in meine Arbeit einzubringen. Zum Beispiel, wenn ich in Chemnitz die »Tage der jüdischen Kultur« mit vorbereite. Oder bei dem gemeinsamen Thoralerntag mit der Vorsitzenden der jüdischen Gemeinde, wobei wir beide mit Freude mit der »Basis« unseres Lebens arbeiten, der Bibel. Oder wenn ich mit meinen drei Kindern, die nun auch wieder Pfarrerskinder sind, versuche, unseren turbulenten Alltag zu bewältigen. Die Zusage meines Konfirmationsspruches gibt mir auch heute Mut, wenn ich meine Grenzen spüre und merke, wie unvollkommen vieles ist, was ich tue. Sie erinnert mich an Gottes »Ja« zu mir und lässt mich hoffen, dass auch sein zweiter Teil gilt: »dass ihr hingeht und Frucht bringt und eure Frucht bleibt.«

Regine Möbius, 1943 in Chemnitz geboren, ist stellvertretende Bundesvorsitzende des Verbandes deutscher Schriftsteller und Kunst- und Kulturbeauftragte der Gewerkschaft Verdi.

Pfarrer Sauertopf und die Bergpredigt

Selig sind, die reinen Herzens sind; denn sie werden Gott schauen.
Matthäus 5, Vers 8

Auf nichts war ich so neugierig an jenem Palmsonntag 1958 wie auf meinen Konfirmationsspruch. Der Pfarrer hatte ihn für uns Konfirmanden ausgesucht und Stillschweigen im Vorfeld darüber bewahrt. Mir war klar, er würde sich rächen. Sich erinnern an all den Ärger mit uns im Konfirmandenunterricht. Da wurden Briefchen geschrieben und Kügelchen geschossen, da wurde geschwatzt oder absichtlich falsch gesungen. Ich war meist mit von der Partie. Schon der vorangegangene Hausbesuch der Geistlichkeit hatte mich unruhig werden lassen. Obwohl es keinen Druck von elterlicher Seite gab, hielt ich mich mit Berichten über unsere »Vergnügungen« zu Hause bedeckt. Ich ging freiwillig in die Kirche und ging gern, nicht zuletzt, weil fast immer irgendwelche Späße für Stimmung sorgten.

Später habe ich mich gelegentlich nach dem Auslöser gefragt für das Bedürfnis, so unbarmherzige Possenspiele zu veranstalten. Unser Pfarrer, der erst wenige Monate in unserer Gemeinde war, entsprach damals kaum den Vorstellungen, die ich von der hohen Geistlichkeit hatte, und er ähnelte bedauerlicher Weise in nichts seinem Vorgänger. In meiner Erinnerung ist er ein ständig trübsinnig blickender Mann im schwarzen Lodenmantel, zu dem ich keine Nähe fand. Er schien einfach nur alt, obwohl er vielleicht jünger war als mein eigener Vater.

Dann kam der Konfirmationstag. Die Prüfung am Sonntag davor war gut gelaufen. Am Schlafzimmerschrank meiner Eltern hing die Konfirmationsausstattung. Mein Kleid aus dunkelblauem Taft, selbstverständlich hochgeschlossen, tat zwei Jahre später in der Tanzstunde noch gute Dienste. Eine Hausschneiderin hatte mir dünnem Kind erste Weiblichkeit zukommen lassen, und ich fand, dass ich eigentlich schon recht erwachsen aussah. Der grau-weiß gemusterte Zellwollmantel war zwar nicht regentauglich, unterstrich aber mein bedeutendes Aussehen. Schließlich gab es Schirme. Auf meinem neuen Gesangbuch lag ein schmaler Freesienstrauß. Blumen, besonders solch edle, waren in den 50er-Jahren Mangelware. Ihren besonderen Duft verbinde ich noch heute mit meinem Konfirmationsmorgen. Meine Mutter hatte sich ebenfalls in Taft gehüllt, mein Vater trug seinen Hochzeitsanzug von 1940, und an allen Füßen glänzten neue schwarze Schuhe.

Für kurze Zeit hatte ich den bevorstehenden Konfirmationsspruch vergessen. Das Zeremoniell des Einzugs in die Kirche war am Vortag geübt worden, es würde vermutlich keine größeren Pannen geben; nur eben den Konfirmationsspruch.

»Selig sind, die reinen Herzens sind; denn sie werden Gott schauen« hörte ich.

Selbstverständlich bezog ich die Sache mit dem »reinen Herzen« auf mich. Der Pfarrer meinte also, ich hätte ein reines Herz und könnte womöglich Gott schauen. Schlechtes Gewissen überkam mich. Er hatte sich nicht gerächt, sondern im Gegenteil mich auf einen Sockel gehoben, auf dem ich überhaupt nicht stand. Wieso er das tat, war mir unverständlich. Hatte mein Vater ihm doch den Spitznamen »Sauertopf« gegeben. Diese charmante, wenn auch geheime Bezeichnung musste verbannt werden aus unserem Sprachgebrauch. So viel war klar. Ein paar Stunden lang überdeckten Glückwünsche, Geschenke und gutes Essen mein schlechtes Gewissen. Ich bekam eine Erwachsenenportion Fleisch und trank das erste Glas Wein. So süß, wie ich ihn mir vorgestellt hatte, war er allerdings nicht.

Vier Tage später, am Gründonnerstag, bekamen wir das Abendmahl. Aufgenommen in den Kreis der Erwachsenen, hieß es. Hoffentlich sahen das die Eltern auch so. Mir war klar, um die Sache mit dem reinen Herzen musste ich mich bemühen. Im Stillen hoffte ich, dass Gott mein schlechtes Gewissen mitbekam. Wenn ich erst in der Jungen Gemeinde wäre, würde ich zeigen, dass ich anders konnte.

Nach und nach verjüngte sich der Pfarrer in meiner Vorstellung. Nein, ein Sauertopf war er wirklich nicht, vielleicht nur mutlos, gelegentlich ein wenig pedantisch. Ich kann das heute nicht mehr sagen. Die Zeiten für Kirche in der DDR waren nicht rosig. Immer wieder wurde beispielsweise mein Vater im Betrieb attackiert, er solle endlich dafür sorgen, dass ich das kleine silberne Kreuz mit dem Kreis am Kreuzesfuß, das verbindende Zeichen der Jungen Gemeinden, nicht öffentlich trage. Solche Bitten schlug ich in den Wind, sang im Kirchenchor, verliebte mich in einen Theologiestudenten und sah mich »reines Herzens« als Pfarrfrau in Mecklenburg.

Vieles kam anders. Jahre später sah ich meinen Konfirmationsspruch im weiten Kontext der Bergpredigt: Jesus trat vor das Volk und versuchte, in einer großen, klugen Rede Orientierungshilfen zu geben. Kritiker werden einwenden: Diese Erklärungen haben die Welt auch nicht friedlicher gemacht. Aber es ging Jesus nicht um seinen persönlichen Entwurf einer Menschheitsethik, sondern um die Suche nach demjenigen moralischen Minimalkonsens, der auch heute noch in den weltumspannenden Fragen ein gemeinsames Handeln bei fortbestehender Verschiedenheit erlaubt.

»Selig sind die reines Herzens sind; denn sie werden Gott schauen.«

Hans-Jürgen Müller, Jahrgang 1943, ist Senior-Geschäftsführer der Rasierpinselfabrik »Mühle-Pinsel« im erzgebirgischen Hundshübel.

Ein Geländer in schwierigem Terrain

Fürchte dich nicht, glaube nur!
Markus 5, Vers 36

Der Pfarrer muss wohl eine Vorahnung gehabt haben, als er meinen Konfirmationsspruch aussuchte.
Bei meiner Konfirmation war ich so aufgeregt, dass mir schon vor dem Gang zum Altar die Knie schlotterten. So furchtlos wie mein gleichaltriger Cousin, der mit den Skiern jeden Hang herunterfuhr oder im Wald von Baumwipfel zu Baumwipfel sprang, war ich nicht. Allerdings blieben mir auch manche Blessuren, Gehirnerschütterungen und ein Schädelbruch erspart, die aus seiner Waghalsigkeit resultierten.
Ist die Furcht nicht doch ein Schutzfaktor, der mein Überleben garantiert? »Fürchte dich nicht, glaube nur«, so steht es in gebrannten Buchstaben auf einem braun umrandeten Holzbrett. Jeder Konfirmand bekam seinen Spruch in dieser Form geschenkt. Eine Gedächtnisstütze, nicht zu übersehen, in einer Zeit, in der die Machthaber sich anschickten, der Konfirmation den Todesstoß zu versetzen. Unser Jahrgang hatte es immerhin geschafft, noch vollzählig zu dieser kirchlichen Amtshandlung anzutreten. Meine Bemühungen, einige wankelmütige Mitschüler bei der Stange zu halten, führten zur Vorladung bei unserem Direk-

104

tor, der mir sein Verständnis für meinen Gang zum Altar signalisierte, sich aber jegliche Hetze gegen die Jugendweihe verbat.

Trotz meines missionarischen Eifers hatte ich in der Folgezeit mit dem braun umrandeten Holzbrett nichts im Sinn. Es landete schließlich auf dem Dachboden. Zu meiner Ehrenrettung sei gesagt, dass ich es einigermaßen sichtbar an eine Holzwand hängte.

»Fürchte dich nicht!« Rückschauend muss ich eingestehen, ja, ich habe mich gefürchtet vor den Machthabern, bin Kompromisse eingegangen, für die ich mich schäme. Einmal wenigstens war ich furchtlos, als ich das Kruzifix, das ich aus meiner Zeit als Chef eines Privatbetriebes in die VEB-Ära hinübergerettet hatte, entfernen sollte. Als alle Argumentationen meine Meinung nicht ändern konnten, sagte mein Chef, ich dürfte es hängen lassen.

Gefürchtet habe ich mich immer wieder. Eine psychische Erkrankung ließ die Angst oft hochkommen, manchmal sogar bis zur Panik. Gefürchtet habe ich mich auch, als nach der Wende der reprivatisierte Betrieb »den Bach runtergehen« wollte und es zwei Jahre um das nackte Überleben ging. Und als vor einigen Jahren die Diagnose des Arztes »Hautkrebs« lautete, wollte sich auch die Furcht breit machen.

Aber immer wieder geschah etwas ganz Wunderbares. Mit der Furcht wuchs auch mein Glaube, dass ich bei Gott geborgen bin. Gerade in den Ängsten war ich Gott am nächsten. Dass aus der Furcht Vertrauen erwächst, kann ich nicht selbst bewirken. Ich merke auch: Den festen Glauben gibt es nicht als Vorschuss. Ich darf ihn immer wieder als Geschenk annehmen. Dieser Glaube an einen gnädigen Gott erweckt in mir den Dank und macht das Herz frei zum Lob.

»Fürchte dich nicht, glaube nur.« Auf meinem Lebensweg erschließt sich der Spruch wie ein schönes Detail, das ich am Anfang der Wegstrecke übersehen habe, jetzt aber stärker wahrnehme – wie eine Blume, die sich langsam entfaltet.

Mein Lebensweg – ein großer Teil liegt schon hinter mir. Die letzte Wegstrecke wird vielleicht manchmal beschwerlich sein. Ich wünsche mir, das mein Konfirmationsspruch mich begleitet, dass ich mich an ihm festhalten kann wie an einem Geländer in schwierigem Terrain und dass ich mich über ihn freuen kann wie über eine schöne Blume.

Johannes Neudeck, geboren 1961 in Mannheim, studierte Theologie, war von 1993 bis 2004 im Auftrag der Europäischen Evangelischen Allianz in Kroatien und Bosnien-Herzegowina tätig und ist seit Sommer 2004 Generalsekretär des CVJM Landesverbandes Sachsen.

Auf bosnischen Minenfeldern vom Frieden überrascht

Ist Gott für uns, wer kann wider uns sein? Der auch seinen eigenen Sohn nicht verschont hat, sondern hat ihn für uns alle dahingegeben – wie sollte er uns mit ihm nicht alles schenken?
Römer 8, Verse 31 und 32

Aus meinem Tagebuch im Dezember 1995: Vor einigen Wochen wurde das Abkommen von Dayton geschlossen. Alles ist jetzt anders. Unser VW-Bus steckt zwischen den endlosen Kolonnen von amerikanischen Panzern und Militärfahrzeugen, die über Ungarn und Kroatien kommend in der Nähe von Brcko über die Save übersetzen. »Operation Sava River« nennt sich dieses militärische Unternehmen. Helikopter kreisen zum Schutz über den Konvois. Wir sind unterwegs nach Gradacac im Nordosten Bosnien-Herzgowinas und wollen Flüchtlinge treffen sowie etwas über die Lage der Bevölkerung erfahren. Viele Hilfssendungen hatten wir über mühsame Umwege in diese Stadt geschickt. Monatelang war sie von der Außenwelt abgeschnitten. Lebensmittel waren wie überall im Land zu Wucherpreisen verkauft worden.
Zusammen mit meinen kroatischen Freunden kommen wir in Gradacac an. Vorbei an Ruinen. Über 600.000 Granaten wurden auf die Stadt und das Umland abgeschossen.

Mit amerikanischen Soldaten gehen wir durch Minenfelder und Frontlinien, die gerade geräumt wurden. Wir begleiten Flüchtlinge zu ihren Häusern, die bis auf die Grundmauern abgebrannt sind.

Und dann haben wir eine Begegnung. Wir lernen einen jungen bosnischen Soldaten in Uniform kennen und kommen ins Gespräch. Am tiefsten beeindruckt mich sein Gesicht. Klagend blicken uns die Augen dieses jungen Menschen an. Alle Verzweiflung und Sinnlosigkeit des Krieges scheinen darin geschrieben.

Doch mehr noch, dieser fragende, eindringliche Blick, der darum bittet, ihm doch zu sagen, wie es weitergehe. Ob es denn Hoffnung für seine Zukunft gäbe. Er richtet seine Augen auf mich und meinen Freund.

Der Krieg sei vorbei. Er könne die Uniform ausziehen, geben wir ihm zu verstehen.

Leise antwortet er uns, dass diese Uniform alles sei, was er besitze.

Ich werde kleinlaut, als ich diese Antwort höre. Dann berichtet er, dass er alles verloren habe, seinen Vater, das Haus, alles.

Die Begegnung mit diesem jungen Soldaten hat mich gepackt. Hier geht es um mehr als nur um materielle Hilfe. Hier ist einer, der vom Frieden überrascht wird, einer, der damit nicht umgehen kann. Und dann die Anfragen stellvertretend für eine junge Kriegsgeneration stellt.

Als Christ muss ich mir die Frage gefallen lassen, wie ich auf so etwas reagiere. Ich kann für meinen Teil nur bekennen, dass ich in dieser Region Europas auf viele Fragen keine Antwort gefunden habe. Zumindest keine schnelle Antwort.

Mit Tausenden von Flüchtlingen bin ich in diesen Jahren zusammengetroffen. Sie haben mein Leben mit ihren Sorgen herausgefordert. Dabei bin ich auch oft an meine Grenzen geraten. Grenzen, die ich in einer Spannung zwischen dem angebrochenen Reich Gottes und der Tragödie dieser Welt lernen muss anzunehmen.

Was Hass bewirken kann, lässt sich leicht nachweisen. Wer vermittelt Hoffnung?

Wenn ich nach ganzheitlichem Christsein gefragt werde, wünsche ich mir, dass die Weitergabe der frohen Botschaft und das Zeugnis über unseren auferstandenen Herrn untrennbar und ganzheitlich mit praktischem Handeln verbunden ist.

Für die Mehrzahl der Bewohner unserer so planbaren und abgesicherten »Welt« – ich rede mal so von unserem Standort »Westeuropa« – wünsche ich mir dabei mehr Risikobereitschaft, bei der Lebensplanung, bei der Lebenseinstellung und -gestaltung. Auch und gerade unter uns Christen. In anderen Ländern habe ich viel mehr – oft notgedrungene – Risikobereitschaft kennengelernt. Eine Risikobereitschaft, die als Voraussetzung für Gelassenheit dient. Eine Gelassenheit, die darum weiß, dass Gott, der Schöpfer, mein kleines Leben und die Zukunft dieser Welt in der Hand hat.

Mein Konfirmationsspruch aus dem Jahre 1976 hat mich in diesen Herausforderungen immer wieder begleitet: »Ist Gott für uns, wer kann wider uns sein? Der auch seinen eigenen Sohn nicht verschont hat, sondern hat ihn für uns alle dahingegeben – wie sollte er uns mit ihm nicht alles schenken?«

Tobias Petzoldt, geboren 1974 in Karl-Marx-Stadt, ist Jugendbildungsreferent der Evangelischen Jugend in Sachsen und Verfasser geistlicher Lyrik.

Lebenshilfe über den Tod hinaus

Siehe, ich bin bei euch alle Tage bis an der Welt Ende.
Matthäus 28, Vers 20b

Eine große inhaltliche Überraschung war und ist das nicht, was Jesus seinen Begleitern zuruft und mein Konfirmationsspruch wurde. Als szenekundiger Christ, der von Kinderkreis über Flötenkreis, Kurrende, Jugendchor bis zur Jungen Gemeinde das gesamte Spektrum religionspädagogisch und musisch-kultureller Angebote der Kirche genießen konnte oder – je nach Lebensphase – über sich ergehen ließ, war mir die kontinuierliche Gegenwart Gottes immer selbstverständlich. Dennoch oder deshalb ist mir diese Aussage aus dem Matthäusevangelium zeitlos bedeutsam geworden.

Der Spruch steht gut lesbar am Altar über dem Jesusbild meiner früheren Heimatgemeinde St. Matthäus in Chemnitz-Altendorf. Ich glaube, ich hatte ihn als Konfirmationsspruch damals selbst ausgewählt. Die Gemeinde war mir wichtig und zum Gottesdienst ging ich ganz gern. Jenes Bibelwort stach dabei allsonntäglich dort ins Auge, wo Menschen lang vor mir Gott begegnet sind und lang nach mir Gott begegnen werden. Da es bereits meinem älteren Bruder zu dessen Konfirmation zugesprochen wurde, war meine Wahl nicht außergewöhnlich kreativ.

Dass Gott bei mir ist, habe ich selten bezweifelt, gelegentlich elementar erlebt, und darauf baue ich, auch mein Leben. Die Gegenwart Gottes begreife ich nicht als eine hartnäckige Überwachung, sondern als eine fortdauernde freundliche Begleitung. Herausfordernd aber erscheinen mir der Beginn und das Ende des Verses. Der Anfang, das »Siehe!« Gelegentlich also muss man schauen, muss man sich erinnern, nicht allein zu sein mit sich und dem verzweifelt machenden stummen Telefon in der Hand, nicht allein zu sein in allen Einsamkeiten und nicht allein zu sein in den Krisen, Katastrophen und Kataströphchen, in denen sich unser Glauben und unsere Weisheiten bewähren müssen. »Siehe!« heißt, gelegentlich und bei jeder sich gebenden Gelegenheit auf Gott zu schauen, die Sinne zu schärfen und zu spüren, was uns die Schrift und was uns das Leben von unserem großen Gott mitteilen will. Bis zum Ende der Welt. Denn das wahrhaft Erfüllende am Christsein ist für mich, dass es nicht wie vielerlei eitle Weltsichten und Lebenslügen am Grabstein endet. Das ist mir für mein eigenes Glaubensleben ebenso wie für meinen Dienst als Diakon immer wichtiger geworden. So muss evangelische Jugendarbeit immer Lebenshilfe sein – auch über den Tod hinaus. Wenn unsere Welt endet, ist Gottes Welt am Anfang. Und wenn auch der Glauben an Jesus Christus vom Grundsatz des Evangeliums her immer eine bewegende, diesseitige Komponente in sich trägt, die gesellschaftliche Veränderung, politische Einmischung und soziale Verantwortung nach sich zieht, geht es doch um mehr als nur um Weltgestaltung. Es geht um die Vorbereitung auf das unvorstellbar Unendliche, auf das ewig Erfüllende. Kluge Menschen zu allen Zeiten in Wissenschaft und Kunst wussten das, schlaue Schöngeister von Andreas Gryphius über Clemens Brentano bis zu Rainer Maria Rilke haben das in ihrer Dichtkunst aufgeschrieben. Wir gescheiten Vernunftbegabten tun gut daran, diesen Schatz zu hüten und zu mehren.

»Siehe, ich bin bei euch alle Tage.« Dieser Zuspruch begleitet mich in den Höhen und Tiefen des Lebenslaufes, gibt Kraft,

Gelassenheit und nimmt gelegentliche Selbstgefälligkeiten. Diese Ansage Jesu inspiriert mich, von der Gegenwart und Zeitlosigkeit des unermesslichen und doch erfahrbaren Weltenlenkers zu erzählen, zu lehren, zu dichten, zu singen. Dieser Ausblick hilft mir, das Unbegreifliche zu ertragen, vor Unendlichkeit und Ewigkeit keine Angst haben zu müssen. Gott, der Herr über Zeiten, war schon lang vor mir, ist mit mir und geht mit mir auf seinem Weg. Bis an meiner kleinen Welt Ende – und darüber hinaus.

Ilona Pollach, geboren in Bayreuth, ist eine der beiden Direktoren der Landeskirchlichen Kredit-Genossenschaft Sachsen in Dresden.

Aktienkurse und Herrnhuter Losungen

Es ist ein köstlich Ding, dass das Herz fest werde,
welches geschieht durch Gnade.
Hebräer 13, Vers 9

Es war Sonntag, der 4. April 1982, ich stand vor dem Altar der Christuskirche in Bayreuth, meinem Geburtsort, als ich vom dortigen Pfarrer meinen Konfirmationsspruch erhalten habe. Ich kann mich heute noch erinnern, dass ich auf den mir zugedachten Spruch sehr gespannt war. Er war und ist für mich eine persönliche Zusage Gottes und lautet: »Es ist ein köstlich Ding, dass das Herz fest werde, welches geschieht durch Gnade.« Je öfter ich den Vers aus dem Hebräerbrief Kapitel 13, Vers 9 lese, umso wichtiger wird mir dieser mit seinen drei Aussagen:
1. »Es ist ein köstlich Ding …«: Das heißt für mich: Ein Geschenk Gottes, etwas Wunderbares, vielleicht auch Gottes Geheimnis.
2. »… dass das Herz fest werde …«: Ich habe mir überlegt, was dies eigentlich bedeutet, ein festes Herz zu haben? Dass ich mich durch nichts und niemanden vom Glauben abbringen lasse. Gerade heute ist es wichtig, weil auf »dem Markt der Möglichkeiten« viel angeboten wird, Zusagen zu haben, die nicht dem gesellschaftlichen Wandel unterworfen sind.

Am allerbesten hat das »Werden« meines Erachtens Martin Luther ausgelegt: »Das Leben ist nicht ein Frommsein, sondern ein Frommwerden, nicht ein Gesundsein, sondern ein Gesundwerden, nicht ein Sein, sondern ein Werden, nicht eine Ruhe, sondern eine Übung. Wir sind's noch nicht, wir werden's aber. Es ist noch nicht getan oder geschehen, es ist aber im Gang und Schwang. Es ist nicht das Ende, es ist aber der Weg. Es glüht und glänzt noch nicht alles, es reinigt sich aber alles.«

3. »… welches geschieht durch Gnade«: Das ist für mich ein befreiender und frohmachender Zuspruch im täglichen Leben. Ohne eigenes Zutun, allein durch Gottes Gnade; darauf will ich heute und mein ganzes Leben auch vertrauen.

In diesem Jahr konnte ich die sogenannte Silberne Konfirmation feiern. Ich hatte dies zum Anlass genommen, mich an meine Konfirmation vor 25 Jahren und das darin gegebene Versprechen zu erinnern und zurückzublicken. Lasse ich die Jahre Revue passieren, kann ich sagen, dass ich in meinem Leben viel Gnade und Segen erfahren durfte. Dafür bin ich Gott dankbar.

Vor sieben Jahren bin ich aus beruflichen Gründen nach Dresden umgezogen. Dass ich mich in meinem beruflichen und persönlichen Umfeld wohlfühle, sehe ich nicht als Selbstverständlichkeit an, gerade in der heutigen Zeit.

Meinem Konfirmationsspruch vorangestellt ist nach der Lutherübersetzung im Hebräerbrief Kapitel 13, Vers 7: »Gedenket an eure Lehrer, die euch das Wort Gottes gesagt haben … Lasset euch nicht mit mancherlei und fremden Lehren umtreiben …«

Wenn ich an jene denke, die meinen Glauben wesentlich mit begründet haben, dann ist es insbesondere einer gewesen: Der evangelische Kirchenrat Hermann Preiser, der ursprünglich aus Görlitz stammte und bis 1945 an der dortigen Frauenkirche gewirkt hat und auch Landesjugendpfarrer in Schlesien war. Kurz vor Kriegsende siedelte er mit einem Teil seiner Gemeinde nach Bayern über und evangelisierte dort im Auftrag der bayerischen Landeskirche. Zusätzlich baute er die Jugendarbeit auf. Er sprach davon, dass und wie sich ein Leben mit Jesus lohnt.

Viele junge Menschen ließen sich von seinem Glaubensmut anstecken. Diese Zeit hat mich geprägt und hier liegen auch meine geistlichen Wurzeln.

Den Konfirmandinnen und Konfirmanden möchte ich mit auf den Weg geben, dass sie persönlich erleben, wie sie sich auf die Zusagen Gottes verlassen dürfen – egal »wie die Aktie im Leben gerade steht« – und auch Wegbegleiter zur Seite haben, die ihnen weiterhelfen, etwas daraus zu machen. Ich sehe meinen Konfirmationsspruch als Verheißung Gottes an, an die ich mich in allen Lebenssituationen halten darf. Dies stellt das Bleibende in meinem Leben dar und zeigt mir immer wieder, wo ich hingehöre. Daneben ist die Tageslosung aus dem Herrnhuter Losungsbuch und das morgendliche Gebet für mich ein wichtiger Start in den Tag, da ich alles – was mich beschäftigt und bewegt – in Gottes Hände legen darf und um Schutz für den neuen Tag bitte.

Bettine Reichelt, geboren 1967 in Plauen, studierte Theologie, ist verheiratet, hat zwei Söhne, arbeitete mehrere Jahre als Pfarrerin und lebt nun als freie Autorin und Lektorin in Leipzig.

Harte Arbeit im Paradies

Gott ist Liebe und wer in der Liebe bleibt, der bleibt in Gott und Gott in ihm.
1. Johannes 4, Vers 16b

Die Liebe, schon wieder. Naja, in der Kirche geht's eben immer um die Liebe. Die Liebe zum Nächsten, die Liebe zu Gott, die Liebe überhaupt und allgemein. Neuerdings auch immer öfter um die Liebe zu mir selbst. Geradezu ein Lieblingsthema in der Kirche, die Liebe. Was habe ich mir nur dabei gedacht, als ich mir ausgerechnet diesen Vers als Konfirmationsspruch ausgesucht habe? Und das noch drei Jahre vor der Konfirmation! Na gut, in der sechsten Klasse hat man eben noch so seine Illusionen. Über das Leben, die Liebe und überhaupt. Mit 40 sieht man das dann etwas anders. Das Wort Liebe kommt einfach viel zu häufig und an viel zu vielen Orten vor. Man kann es kaum noch ernst nehmen. Und dann auch noch »Gott ist die Liebe«! Was soll das denn bedeuten?! Noch ein Beitrag zum Thema Klischee? Hat das Johannes nicht gewusst? Das wird doch zu seiner Zeit nicht sonderlich viel anders gewesen sein. Und – glaubt man der Tradition – war er doch wahrlich alt genug dafür, ein solches Wort ein wenig differenzierter einzusetzen.

Tut er aber nicht. Er lässt uns an dem Brocken kauen: Gott ist die Liebe. Was soll das sein? Heute, für mich? Natürlich, jedes Klischee hat einen wahren Kern. Ich würde mich ja nicht so darauf einlassen, wenn nicht doch, tief in mir, etwas wäre. Ein Wunsch, eine Sehnsucht. Unrealistisch vielleicht, aber nicht zufriedenzustellen. Etwas von Harmonie, von tiefer Gemeinschaft, vom Ende der Macht des einen über den anderen. Etwas davon, dass ich mich übervorteilen lasse – und daran nicht zerbreche, sondern es geschehen lassen kann in dem Wissen, dass dennoch für mich gesorgt ist. Etwas von dem Wissen in mir tragen, dass es besser sein kann, sich übervorteilen zu lassen, als einem anderen Schaden zuzufügen oder ins Leere zu laufen. Ein Ringen um den anderen, ohne dass dabei ich selbst auf der Strecke bleibe. So müsste es sein, wenn Gott als Liebe unter uns anwesend wäre, wenn ich mich darauf einlassen könnte, wenn meine Sehnsucht wahr würde. Ein bisschen Paradies – um noch ein Wort aus der Mottenkiste des Klischees aufzunehmen.

Tatsächlich sieht es anders aus. Tatsächlich ist der geträumte Zustand vor allem eines: Harte Arbeit. Wenn Gott mir als Liebe begegnet und ich mich darauf einlasse, dann muss ich mich auf den Weg machen. Es geht gar nicht anders. Ich beginne eine Suche, deren Ende prinzipiell offen ist. Ich weiß ein vages Zielwort: Gott. Ein Jenseits-meiner-Selbst, von dem Paulus sagt, es sei alles in allem. Inmitten des Zieles suche ich also das Ziel. Ein Weg aus Tiefe und Erwartung, aus Sehnsucht – aber eben auch aus Scheitern: Glaube ich gefunden zu haben, entgleitet es mir. Glaube ich, einmal richtig zu liegen, einmal wahrhaftig und ehrlich in der Liebe gewesen zu sein, muss ich entdecken, dass ich wieder einmal weit daneben geschossen habe. Das Ringen hört nicht auf. Unruhig bleibe ich, taste voran und hoffe, dass dieser Gott, der Nahe und Ferne zugleich, in meinen Versuchen, meinen Kämpfen etwas von dem sieht, was er für mich gedacht hat. Vielleicht, dass ich nicht zu viel Schaden anrichte, nicht an meinen Kindern, nicht an den Menschen neben mir. Vielleicht, dass von Zeit zu Zeit das eine oder andere Wort, dass ich zu sagen habe, wahrhaft und liebvoll meinen Gesprächspartner umfängt, ihn aufbaut oder ermutigt, ihm Grenzen zeigt oder etwas von dem, was »Gott in uns« sein könnte.

Mit den Jahren habe ich die vollmundigen Worte der Jugend zurücknehmen müssen. Glaubte ich damals, ich könnte es schaffen, ich könnte darin eine Lebensaufgabe begründen, erkenne ich mehr und mehr, dass die Lebensaufgabe mich begründet, dass ich Schritt für Schritt versuche, aber das Gelingen nicht aus meinen Händen kommen kann. Und weil ich das schwer ertrage, meide ich es, das Wort »Liebe« zu oft in den Mund zu nehmen. Die Sehnsucht ist groß. Bitten wir den Herrn der Ernte, dass er Menschen sende, die aus ihrer bleibenden Ruhelosigkeit von Scheitern zu Scheitern an der Erfüllung arbeiten, die Gott selbst geben wird.

Heiko Reinhold, Jahrgang 1966, lebt in Stoll-berg, arbeitet als Projekttechniker und ist Spre-cher der Landes-AG Christinnen und Christen bei Bündnis 90/Die Grünen.

»Ein halber Christ ist ein ganzer Unsinn«

Wer mich bekennt vor den Menschen, den will auch ich bekennen vor meinem himmlischen Vater.
Matthäus 10, Vers 32

In diesem Jahr durfte ich meine 25-jährige Jubelkonfirmation feiern – ein Grund zum Rückblick und vor allem ein Grund zur Dankbarkeit gegenüber allen Menschen, die mir Rückenwind und Gegenwind geliefert haben, die Vorbild waren, Halt gaben oder mich hinterfragten. Nachdem ich von klein auf mit Kir-che und christlichem Glauben vertraut gemacht wurde, bewegte mich später im Konfirmandenunterricht der Satz »Ein halber Christ ist ein ganzer Unsinn«. Ein Leben als Christ sollte Aus-wirkungen auf alle Lebensbereiche haben.

Unser damaliger Pfarrer hat uns zu einem ehrlichen und gerad-linigen Bekenntnis ermuntert. Das kostete oft Überwindung und traf auf Widerstände, denn »sich anpassen« und »nur nicht auffallen« war angesagt. Wo heute zahllose Autobahnkreuze und Umleitungen die Orientierung erschweren, wurde damals einfach der »Goldene Mittelweg« als allein ans Ziel führend an-gesehen. In der Schule blieben – trotz vieler geschlossener Kom-promisse – die Konflikte nicht aus. Einige Gedichte und Lieder, die ich als antichristlich empfand, habe ich nicht gelernt. »Es

119

rettet uns kein höh'res Wesen« – da war ich anderer Meinung. Glücklicherweise gab es Lehrerinnen, die es problemlos ermöglichten, andere Verse vorzutragen. Mit der Zeit wuchs mein Wunsch, den Wehrdienst mit der Waffe zu verweigern. Ich hatte mir bereits mit dem berühmten Aufnäher »Schwerter zu Pflugscharen« viel Ärger mit dem Schuldirektor eingehandelt.

Meine Absicht, zu den Bausoldaten zu gehen, führte dazu, dass ich die Erweiterte Oberschule nicht besuchen durfte, also kein Abitur ablegen konnte. Trotzdem blieb die Erkenntnis, dass ein klares Bekenntnis zu meiner Überzeugung auf Dauer einfacher ist als ein lauwarmes »sowohl als auch«. Bei all dem gab mir mein Konfirmationsspruch, den mein Pfarrer sicher bewusst für mich ausgesucht hatte, Kraft und Trost. Gott hat mir zu einem bewussten »Ja« verholfen. Schließlich hat er sich zuerst zu mir bekannt. Ich bin froh, dass ich mich so entschieden habe. Über Jahre hinweg war mir der Spruch gegenwärtig. Und ich habe dabei immer wieder Gottes Führung erlebt, der mich eben nicht auf dem »Goldenen Mittelweg«, sondern manchmal auf verschlungenen Pfaden begleitet hat. Und so habe ich als Funkmechaniker einen Beruf gelernt, der mir viele wertvolle Erfahrungen gebracht hat. Das einst verweigerte Studium habe ich mit dem Kirchlichen Fernunterricht ersetzen können, der mir den jetzigen Prädikantendienst ermöglicht. Die Auseinandersetzungen haben mir geholfen, meine Meinung zu vertreten. Wenn ich deshalb manchmal trotzig und stur erscheine, möge es mir verziehen werden.

Was bedeutet mir das »Bekennen« heute? Zum einen fällt mir an mir selbst auf, dass es mir viel leichter fällt, mich als Christ zu bekennen und über meinen Glauben zu reden. Anstatt mich selbst rechtfertigen zu müssen, gilt es zum Beispiel, mit Vorurteilen gegenüber Christen aufzuräumen und über bestimmte kirchliche Bräuche aufzuklären. Zum anderen ist jetzt nicht mehr das Verweigern bestimmend, und das Bekennen geht über ein privates Statement hinaus. Statt der Frage »was darf ich als Christ nicht?« steht für mich mehr die Frage nach Gerechtigkeit, Frieden und Schöpfungsbewahrung im Vordergrund. Es ist das Bekenntnis, dass Ungerechtigkeit, Krieg und Umweltzerstörung gegen Gottes Willen, gegen Gottes Schöpfung gerichtet sind. Die Konsequenzen daraus führen teilweise zu unpopulären Entscheidungen, und deswegen finde ich mich als Grüner auch heute oft in einer Minderheitenposition. Zeitlos erscheint mir der Vers Philipp Spittas: »Es gilt ein frei Geständnis in dieser unsrer Zeit, ein offenes Bekenntnis bei allem Widerstreit, trotz aller Feinde Toben, trotz allem Heidentum zu preisen und zu loben das Evangelium« (Evangelisches Gesangbuch 136, Strophe 4).

Christine Reuther, geboren 1952 in Meißen, ist studierte Ingenieurin und stellvertretende Chefredakteurin des Sonntags.

Das Bild über dem Bett

Jesus spricht: »Ich bin der Weinstock, ihr seid die Reben.
Wer in mir bleibt und ich in ihm, der bringt viel Frucht;
denn ohne mich könnt ihr nichts tun.«
Johannes 15, Vers 5

Meinen Konfirmationsspruch habe ich geerbt. Er war schon meiner Mutter mitgegeben worden. Als ich acht Jahre alt war, starb sie. Plötzlich waren wir allein: vier Kinder und der Vater. Aber wir hatten ja uns: Bruder, Schwestern, Vater – und dann waren ja nebenan noch die Großeltern. Irgendwie fühlte ich mich trotz allem gehalten.

Als wenige Jahre später der Großvater starb und die größer werdenden Kinder Platz beanspruchten, zog ich zur Großmutter in die Nachbarwohnung um. Und dort empfing mich über meinem Bett ein gerahmter Spruch. Umgeben von prallen, leuchtenden Weintrauben stand da: »Jesus spricht: Ich bin der Weinstock, ihr seid die Reben. Wer in mir bleibt und ich in ihm, der bringt viel Frucht; denn ohne mich könnt ihr nichts tun.«

Die Zeit bei der Großmutter ist mir unvergesslich. Die Abende, an denen sie erzählte: von ihrer verstorbenen Tochter – meiner Mutter, von ihrem eigenen Leben, von ihrer Jugend und von ihrem Glauben. Oft ging beim Abendgebet der Blick nach oben an die Wand. Mit diesem Bild konnte ich leben: Wo der Weinstock wächst, ist es warm. Die Reben werden angebunden, damit sie nicht verwahrlosen, sondern große, schmackhafte Trauben bringen. Sie werden sozusagen zu ihrem Glück gezwungen. Doch die Reben müssen es sich auch gefallen lassen, zurückgeschnitten zu werden, um schließlich kräftiger austreiben zu können.

Die Gedanken, die ich mit diesem Bild verband, bekam ich viele Jahre später in einer Predigt bestätigt. »Alles was wir von Gott wissen müssen, gewinnt Gestalt durch Jesus«, hieß es da. Der Evangelist Johannes, der viele solcher Vergleiche wie den mit dem Weinstock gebrauchte, damit wir uns ein Bild von Jesus machen können, hat das wohl gewusst.

Als meine Konfirmation nahte, wusste ich, welchen Spruch ich haben wollte.

Ich ging nicht zur Jugendweihe, sondern in die Konfirmandenstunde und später in die Junge Gemeinde. Dort begegneten mir Menschen, die mich bis heute prägen. Unser Jugendwart zum Beispiel. Er sprach davon, dass ich als Christin Ja zu mir selbst sagen kann, weil Christus Ja zu mir sagt. Dass das die Freiheit des Christenmenschen ist.

Damals nahm ich das so hin. Für mich stand das noch irgendwie im Widerspruch zu den Erfahrungen zu Hause, wo es hieß: Nimm dich zurück, denk auch an deine Geschwister, hier geht es nicht nur um dich.

Erst viel später, als ich persönliche Krisen erlebte, Verlust, Enttäuschung und Trauer, habe ich begriffen, dass dieses »Ja« zu mir selbst nichts mit Egoismus zu tun hat. Es hat damit zu tun, dass ich Kraft schöpfen kann aus dem Weinstock, an den ich angebunden bin. Und dass ich nur dann, wenn ich fest stehe, weil ich einen Halt habe, den Menschen um mich herum auch etwas geben kann. Ihnen nicht zur Last werde.

Da hing der Spruch schon lange nicht mehr über meinem Bett. Aber er hat mich gehalten – bis heute.

Margitta Rosenbaum, geboren 1957 in Werda im Vogtland, ist Reisereferentin der Arbeitsgemeinschaft Biblische Frauenarbeit und freie Journalistin.

Durchkreuzte Pläne

Freuet euch in dem Herrn allewege.
Philipper 4, Vers 4

Nach dem Konfirmationsgottesdienst bekamen wir im Gemeindesaal noch ein kleines, flaches Päckchen in die Hand gedrückt. Es hätte eine Schachtel Pralinen sein können. Aber es war ein Bilderrahmen. Als 15-Jährige empfand ich ihn einfach nur altmodisch. Mein Konfirmationsspuch war da in verschnörkelter, alter Schrift fest eingerahmt: »Freuet euch in dem Herrn allewege.« Ich kannte den Mann nicht, der uns auf diese Weise beschenkt hatte. Für meine Eltern war er eine Instanz. Lange bevor wir ins Dorf gezogen waren, hatte er Generationen in der Gemeinde mit geprägt. Nun sollte er unbekannterweise auch in meinem Leben Spuren hinterlassen. Der Spruch wurde im Wohnzimmer aufgehängt. Ich konnte damit nicht viel anfangen. Sowohl die Aufmachung als auch der Bibelvers, beides erschien mir wie aus einer anderen Zeit. Dabei fand ich den Ruf zur Freude ganz nett. Das Leben lag vor mir und ich erwartete viel Schönes davon.

Das sollte sich ändern. Trotz guter Noten ging der Plan für mein Leben nicht auf. Bald stand fest, dass mir mein Traumberuf Krankenschwester aus gesundheitlichen Gründen verwehrt bleiben sollte. Da konnte ich Gott nicht mehr verstehen. Ich hatte mir doch alles so schön ausgedacht. Ich wollte Gott dienen, wollte einen Beruf erlernen, bei dem ich für andere da sein kann. Und danach, so hatte ich mir ausgerechnet, könnte ich sogar noch Medizin studieren. Ich war nicht an die Erweiterte Oberschule gegangen, weil ich den Sozialismus nicht unterstützte. Das hätte Gott doch anerkennen müssen. Ich hatte erwartet, dass er mir die Wege ebnet, so wie ich es mir ausgedacht hatte. In dieser Zeit fing ich an, den Spruch zu buchstabieren, den ich bei der Konfirmation für mein Leben mitbekommen hatte. Wie gut, dass ich ihn im Wohnzimmer täglich vor Augen hatte. Wie war das mit der Freude? Irgendwie war plötzlich nichts mehr davon übrig. Aber da hieß es doch »allewege«? Kann Gott denn Freude befehlen, wenn das Leben so ganz anders verläuft? Das konnte ich alles nicht verstehen. Das Geheimnis musste im zweiten Teil des Verses liegen. Was bedeutete dieses »in dem Herrn«? Ich nahm meine eigene Bibel zur Hand und suchte darin. Da entdeckte ich bei den Menschen der Bibel Zuversicht und Geborgenheit, weil sie in der Verbindung zu diesem großen Gott und Schöpfer lebten. Das wollte ich auch haben. Ich begann auf meine Weise, mit Gott zu sprechen und zu verhandeln. Irgendwann wurde mir klar, dass Gott selbst es ist, der Freude in mir aufblühen lässt, weil er mein Leben in der Hand hat und weil er es viel besser planen kann als ich. Schließlich hat er die Übersicht. Das machte mich tatsächlich froh, obwohl ich dann einen völlig anderen Berufsweg einschlagen musste. Aber der liebende Vater im Himmel, der wusste ja, was gut für mich ist. Ich bin dann Damenmaßschneiderin geworden. Nur ein ehemaliger DDR-Bürger kann heute noch nachvollziehen, wie schwer es damals war, so einen Ausbildungsplatz zu bekommen. In dem kreativen Handwerksberuf entdeckte ich viel Neues. Später durfte ich sogar die Lehrlinge der Firma ausbilden.

Genau in dieser Zeit spürte ich, dass es mir Freude macht, von meinem Glauben zu erzählen. So entschloss ich mich, den Beruf zu wechseln und Gemeindehelferin zu werden. Wieder standen dem gesundheitliche Probleme im Weg. Doch diesmal traute ich Gott zu, dass er mir Freude schenken will. Es fand sich ein anderer Weg. Ich besuchte die Gnadauer Bibelschule und wurde Gemeinschaftsschwester. Über zwanzig Jahre lang durfte ich in dieser Arbeit Menschen helfen, Jesus kennenzulernen. Diesen Jesus, der mein Leben mit Freude gefüllt hat. Trotzdem war mein Leben nicht immer nur zum Freuen und Lachen. Krisen blieben nicht aus. Manches Mal habe ich auch mit Gott gestritten, weil ich seinen Weg mit mir oder mit Menschen, die mir nahestanden, nicht nachvollziehen konnte. Aber indem ich mich Gott zugewandt habe, kam die Freude zurück. Diese Freude ist unabhängig von äußeren Umständen. Das habe ich inzwischen entdeckt. Sie entspringt dem Glauben, dass Gott es gut mit mir meint. So gut, dass er sogar einen Weg gefunden hat, mit meinem Versagen und meiner Schuld fertig zu werden. Darüber kann ich mich immer wieder freuen.

In all den Jahren habe ich inzwischen noch viele andere Arten von Freude entdeckt, die alle damit zusammen hängen, dass ich glauben darf. Wie gut ist es, eine Gemeinde zu haben, Menschen zu kennen, die auch den Weg des Glaubens gehen. Und wie oft habe ich schon gestaunt, dass Gott einen guten Weg für mich bereit hatte, obwohl meine Pläne ganz anders aussahen. Das Wort von der Freude im Herrn begleitet mich durch mein ganzes Leben. Es gibt mir sogar Zukunft, denn ich glaube, dass aus aller Vorfreude einmal das große und ewige Freudenfest im Himmel wird. Was aus dem Bilderrahmen geworden ist, weiß ich nicht. Aber ich werde meine Eltern danach fragen.

Andreas Roth, geboren 1978 in Dresden, ist evangelischer Theologe und freier Journalist in Dresden.

Gespräche mit dem Anti-Helden Jeremia

Herr, du bist meine Stärke und Kraft und meine Zuflucht in der Not!
Jeremia 16, Vers 19

Manchmal überrascht man sich selbst. Oder muss ich sagen: Gott überrascht einen? »Herr, du bist meine Stärke und Kraft und meine Zuflucht in der Not!« Das ist mein Konfirmationsspruch. Gedruckt auf einer stimmungsvollen Landschaftsansicht wurde er mir am 2. Mai 1993 überreicht. Ich habe ihn mir selbst ausgesucht. Lange vergessen. Unversehens nun steht er mir gegenüber – und befremdet mich. Ein Glaubensslogan aus Synthetik, denke ich: schön geschmeidig, aber bei Feuer schnurrt er schnell zusammen. Dass ich den Spruch so bald vergessen habe, scheint der Beweis dafür zu sein. Ich bin erstaunt über meine Wahl. Doch was mich noch mehr überrascht, ist der Name, der sich mit meinem Konfirmationsspruch verbindet: Jeremia. Ausgerechnet jenen Propheten, der mich – Jahre später – in meinem Theologiestudium so faszinieren sollte, hatte der damals 14-jährige Konfirmand ausgewählt. Ich nehme die Spur auf, vielleicht führt sie mich ja zurück zu meinem Konfirmationsspruch.

Der Prophet Jeremia war ein Mann mit unruhigem Herzen. Einer, der von Grund auf misstrauisch war gegenüber all der

127

Ruhe und Gemütlichkeit eines sich selbst gewissen Glaubensbetriebes. Dieses Misstrauen gegenüber den schnellen oder theologisch fein destillierten Antworten, gegenüber dem Schönen und Wahren der Kirche, das oft den Nöten vieler Menschen so seltsam entrückt zu sein scheint, habe ich bisweilen verwünscht – aber losgeworden bin ich es nie. In dem Anti-Helden Jeremia hatte ich da einen Gesprächspartner gefunden. Er war ein Getriebener, der mit Gott streitet, ein Fremder allerorten. Der die so oft ohne Konsequenzen proklamierte Gerechtigkeit Gottes und unter den Menschen wirklich vermisste, sie einforderte – und nicht mit Frömmigkeit oder Gelehrsamkeit zudeckte. »Herr, wenn ich auch mit dir rechten wollte, so behältst du doch Recht; dennoch muss ich vom Recht mit dir reden« (Jeremia 12, Vers 1).

Das Thema, über das *ich* gern einmal mit Gott ins Gespräch kommen würde, bedrängte auch Jeremia und bildet den Hintergrund meines Konfirmationsspruches: dass Menschen keine lebendige Beziehung zu ihrem Schöpfer aufbauen wollen – oder können. In einer Zeit und in einer Gesellschaft wie der ostdeutschen, in der durchschnittlich fast 80 Prozent unserer Zeitgenossen »an nichts« glauben, gewinnt die Frage an Schärfe. Wo ist die Gerechtigkeit Gottes, dass er einer so großen Mehrheit das Geschenk des Glaubens vorenthält, von dem Christen meinen, nur mit ihm wäre gelingendes Leben möglich? Ich kenne genügend Menschen, die gern glauben würden und die das ernsthaft zu leben versuchen, was Jesus als höchstes Gebot gepredigt hat: Liebe deinen Nächsten. Allein, sie haben das Urvertrauen des Glaubens nie spüren gelernt, weil es schon ihre Eltern und Großeltern nicht mehr kannten. Fast ganzen Bevölkerungsschichten hierzulande – zumal den Schwächsten und Ärmsten, denen sich Jesus so nah fühlte – ist Gott fremd geworden. Und auch – und zwar zuerst – die Kirche. Nur das Bürgertum scheint noch einen Rest von »Erwähltheit« bewahrt zu haben. Es scheint, als hätten wir uns damit abgefunden, als sei dies der geheimnisvolle Wille Gottes. Wo ist da die auffahrende Unruhe eines Jeremia, die uns auch mit unserem Versagen als Kirche Jesu Christi konfrontiert? So wie viele andere Menschen in der Kirche versuche ich mit meiner Arbeit, kleine wacklige Brücken – wenn das überhaupt geht – über den »garstigen Graben« zu bauen, der so viele Menschen vom Glauben trennt. Ich kann diese Arbeit nur tun in dem Vertrauen auf einen Gott, der mindestens so leidenschaftlich ist wie der Prophet Jeremia. Der voller Unruhe auf die Zustände in unserer Mitte blickt, an die wir uns schon längst gewöhnt haben, die Ungerechtigkeiten, die wir mit vielen klugen Worten erklärt und damit nicht selten legitimiert haben. Der keinen Menschen verloren gibt. Das ist der Gott, von dem Jeremia erzählt. Zu dem kann ich mit meinem Konfirmationsspruch sagen: »Du bist meine Zuflucht in der Not!« Und hoffen, dass er so wie Jesus auch und gerade bei den Menschen ist, die wir gern als »kirchenfern« bezeichnen. Ich werde mich überraschen lassen von Gott. Wieder einmal.

Dr. **Kerstin Schimmel**, Jahrgang 1963, geboren in Lübeck, ist Studienleiterin für den Bereich Kultur an der Evangelischen Akademie Meißen.

Verbrannte Straßenkinder in Bolivien

*Und ob ich schon wanderte im finsteren Tal, fürchte ich kein
Unglück, denn du bist bei mir.*
Psalm 23, Vers 4

Ein geerbter Konfirmationsspruch, Familientradition; von Großvätern an Väter und Söhne weitergegeben und dann an den Enkel, Bernd, einen Klassenkameraden von mir, vor dreißig Jahren. Was haben wir ihn bedauert und vor allem – verspottet. Wochenlang haben wir das mit dem »finsteren Tal« mit möglichst gruseliger Stimme gemurmelt, wenn er an uns vorbeiging, ihm aufgelauert, um dann überraschend hervorzuspringen und zu rufen »ich bin bei dir«. Wir alle, auch Bernd, fanden das lustig. Wir hatten ja keine Ahnung. Was wussten wir damals schon von tiefen Tälern: Keine Scheidungskinder in der Klasse, keine arbeitslosen Eltern, keine Verluste in Familie und Freundeskreis, keine eigene schwere Krankheit, noch nicht einmal der erste Liebeskummer. Mein Bild von Bernd ist schon lange verblasst, sein Konfirmationsspruch jedoch hat mein Leben begleitet.

Einige Jahre später, während meines letzten Schuljahres, habe ich bei der Johanniter-Unfall-Hilfe eine Ausbildung zur Schwesternhelferin gemacht und im Krankenhauspraktikum eine ältere Frau kennengelernt: Krebs im Endstadium. Wir haben uns angefreundet und ich durfte sie die letzten Monate begleiten. Jedes Mal, wenn ich sie nach einem Besuch wieder verlassen musste, hat sie zum Abschied den 23. Psalm gesprochen, jedes Mal. Ich war damals 18 und dieses Ritual machte mich verlegen, weil die anderen Patienten und deren Besucher dann oft so komisch zu uns herübersahen; es machte mich traurig, weil es mich Tag für Tag an das begonnene Sterben eines liebgewordenen Menschen erinnerte – und es machte mich wütend: Wo, bitte, war Gott denn, in diesem »finsteren Tal«? Als Gertrud starb, hielt mich nur mein Respekt vor Büchern im Allgemeinen und diesem im Besonderen davon ab, die entsprechende Seite aus meiner Bibel zu reißen.

Nach dem Studium habe ich mir einen großen Traum erfüllt und bin nach Bolivien gegangen, um dort in einem Straßenkinderprojekt mitzuarbeiten. Damals war der Ansatz, nicht für, sondern mit den Kindern und Jugendlichen zu planen, recht neu. Für die praktische Arbeit hieß dies, in der ersten Zeit mit ihnen auf der Straße zu leben, um ihren wahren Alltag kennenzulernen. Meine erste Begegnung mit ihnen war grauenhaft: Ein bolivianischer Theologiestudent, der das Projekt mit begründet hatte, wollte mich der Kindergruppe vorstellen, mit der ich die nächsten Wochen verbringen sollte. Noch bevor wir ihren Schlafplatz in einem ausgetrockneten Flussbett einsehen konnten, kam mir ein Geruch in die Nase, der mir neu war und widerlich. Den Anblick, der sich uns bot, als wir am Ufer standen, werde ich niemals vergessen: Die Kinder waren alle tot, verbrannt. Es sollten während meiner Zeit in Bolivien lange nicht die letzten ermordeten Kinder sein. Sie im Schlaf mit Benzin zu übergießen und anzuzünden, war nur eine von vielen Methoden, das Straßenkinderproblem zu lösen. In den ersten Monaten hatte ich keine Hoffnung, es könne in all der Armut und Gewalt auch Auswege geben. Nach knapp einem Jahr aber konnten wir ein kleines Haus einweihen, das die Kinder instand gesetzt hatten, wir konnten Pläne für eine »Schule auf der Straße« schmieden und die ersten Juristen und Juristinnen willkommen heißen, die sich ehrenamtlich um die Belange der Kinder kümmern wollten. Der Inaugurationsspruch für unsere kleine »Casita« lautete übrigens: »Aunque pase por quebradas muy oscuras, no temo ningún mal, porque tú estás conmigo« (Salmo 23, 4 – Psalm 23, 4)

So ist der Konfirmationsspruch eines anderen – durch Lachen, Weinen, Streiten und Hoffen hindurch – mein Spruch fürs Leben geworden.

Kai Schmerschneider, geboren 1962 in Altdö-
bern, ist Religionspädagoge, Leiter des Projek-
tes »Radwege als Lernwege. Offene Kirchen
im Muldentalkreis« der Evangelischen Erwachsenenbildung Sachsen und Liedermacher.

Durch Leichtigkeit Tiefe entdecken

*Dankt Gott dem Vater zu jeder Zeit für alles im Namen
unseres Herrn Jesus Christus.*
Epheserbrief 5, Vers 20

Ehrlicherweise kann ich nicht sagen, wie ich zu diesem Konfirmationsspruch gekommen bin. Zu dieser Zeit ließ ich die Vor-
bereitungen zu meiner Konfirmation mit mir machen. Und der
Anzug, den ich damals trug, ist aus meiner heutigen Sicht einfach peinlich gewesen.
Nun bekam ich vom »Sonntag« die Anfrage, etwas über meinen Konfirmationsspruch zu schreiben. Spontan war die Lust in
mir, mich nach 30 Jahren dem Konfirmationsspruch zu stellen.
Gerade, weil er für mich recht formal und statisch klingt. Es
ist eine Sprache, die nicht gerade meiner Mentalität entspricht.
Und das macht für mich auch Glaube aus, sich von Traditionen
beflügeln zu lassen und sie auch in Frage zu stellen und sich daran zu reiben. Die Paulusworte sind ein gutes Beispiel dafür. Es
sind Worte, die in Zeiten der Ausformung des Christentums
entstanden sind. In dem Spruch geht es ja um zwei »Herren« –
also um recht viel Männlichkeit.
Da ich meine Kindheit in dem Kinderheim »Gottessegen« (Glas-
hütte) erlebt habe, gab es für mich eindeutig zu wenig männ-

133

liche Orientierungspersonen. Doch von unserem Hausmeister und seinem handwerklichen Geschick war ich fasziniert. Wenn ich weiter nachdenke, ist mir auch Edgar Rahm, der Diakon der Kirchgemeinde, gegenwärtig. Wir Jungs der Christenlehre haben ihn herausgefordert und er hat uns männliche Größe gezeigt, Gott sei Dank.

Und dennoch fällt es mir noch heute schwer, Gott männlich zu denken. Für mich gibt es zu viele Herren in maßgeschneiderten Anzügen, die mit Macht und Geld über unzählige Menschen regieren.

Doch wenn in dem Spruch von »Vater« die Rede ist, verstehe ich es als Einladung, mit 45 Jahren noch Kind zu sein. Damit meine ich, neugierig zu sein, der Trivialisierung der Welt eine Absage zu erteilen, durch Leichtigkeit Tiefe zu entdecken und vielleicht auch »etwas mit sich machen zu lassen«. Einfach empfangend zu sein. Zu wissen, nicht alles aus eigener Kraft bewegen und gestalten zu müssen.

Im Kinderheim »Gottessegen« hatte der Tagesablauf eine strenge Abfolge. Drei Lieder, morgens, mittags und abends (aus dem Kirchengesangbuch), dazu die tägliche Bibellese – das waren verlässliche Bestandteile eines jeden Tages. Wir Kinder haben es mit uns machen lassen. Es hat uns eingebunden in eine Glaubenstradition. Die Unwägbarkeiten biblischer Gestalten wurden uns vor Augen geführt und die damit verbundene Dankbarkeit an die Kraft, die das Leben ermöglicht. Später habe ich bewusst biblische Lebensläufe mit meinem Lebenslauf in ein Verhältnis gebracht. Themen wie Freude und Leid bekamen für mich einen größeren Sinnhorizont. Und ich bin mir sicher, dass der Tagesablauf im Kinderheim »Gottessegen« gute Wurzeln meiner religiösen Biographie sind. Gott sei Dank.

Wer etwas mit sich machen lässt, kann dankbar werden. Etwas mit sich machen lassen heißt, empfangend zu sein. Ich glaube, dass die Stille eine wichtige Voraussetzung ist. Und ich bin mir sicher, dass sie die Sprache Gottes ist. In der Stille können wir die eigene Leere erleben und die Fülle des Lebens empfangen.

Doch gesellschaftliche Normen, zum Beispiel so weit wie möglich selbstbestimmt zu leben, können uns daran hindern.

Die Zerrissenheit zwischen der Sprache Gottes/der Stille und den gesellschaftlichen Normen hat mein Liedermacherkollege Wenzel Lautenschläger in der folgenden Liedstrophe wiedergegeben:

Die Stille ist die stärkste Quelle,
der tiefste Klang, das wärmste Wort,
das schönste Bild, das größte Wunder –
ich will dahin und dennoch fort.

Und nun mein Wunsch: Lassen Sie in Stille etwas mit sich machen und das mit Gottes Segen.

Thomas Schneider, Jahrgang 1956, leitet das Vertriebsbüro Ost der evangelischen Nachrichtenagentur idea.

Gottes Rückrufaktionen

Kämpfe den guten Kampf des Glaubens; ergreife das ewige Leben, wozu du berufen bist und bekannt hast das gute Bekenntnis vor vielen Zeugen.
1. Timotheus 6, Vers 12

Palmsonntag 1971. Eltern, Verwandte und Paten, alle sind gekommen – weil ich konfirmiert werden soll. Es regnet Geschenke: »Chinesische Handtücher«, Leinenbettwäsche, ein Fotoapparat von meinen Großeltern, Marke »Penti 2«, 155 DDR-Mark! Mein erstes Foto: der Geschenketisch mit einem bunten Blumenstrauß und mittendrin mein erstes eigenes Kirchengesangbuch mit Goldschnitt. An den Konfirmationsgottesdienst und an das »Ja«-Wort zur Bestätigung meiner Taufe kann ich mich nur schwach erinnern. Den Konfirmationsspruch soll der Pfarrer ausgesucht haben: »Kämpfe den guten Kampf des Glaubens; ergreife das ewige Leben, wozu du berufen bist und bekannt hast das gute Bekenntnis vor vielen Zeugen.«
Dass es Kampf bedeuten kann, den Glauben zu leben, wird deutlich, als mir mangels »gesellschaftspolitischer Tätigkeit« eine schlechte Gesamtverhaltensnote auf dem Abschlusszeugnis verabreicht und die Zulassung zur Berufsausbildung mit Abitur verweigert wird. Mechanikerlehre. Mehr war nicht drin. »Kämpfe

den guten Kampf des Glaubens ...« heißt also: trotz Benachteiligung nicht alles mitzumachen. Den Wehrdienst habe ich nicht verweigert. Warum, weiß ich nicht mehr. Vielleicht hatte ich ein Glaubenstief. Zudem war ich total unsportlich. Mein Konfirmationsspruch jedenfalls beschreibt in Bildersprache einen Wettkampf. Soll ich kämpfen? Bei der NVA? Um die geistige Leere während der Armeezeit zu überwinden, habe ich die Bibel einmal ganz durchgelesen. An die Sonntage erinnere ich mich gern: Bibelarbeit auf der Sturmbahn mit Gleichgesinnten. Dann ist plötzlich einer nicht mehr gekommen. Armeeknast Schwedt an der Oder, zerbrochen zurückgekehrt, um Jahre gealtert und graue Haare.

Der Ruf Gottes zum »ewigen Leben« hat mich nie losgelassen. Immer wieder hat ER mich auf wunderbare Weise auf SEINE Kampfbahn zurückgeholt. Seine Rückrufaktionen sind nicht immer schmerzfrei. Sie decken eigene Schwächen und Sünden auf. Aber nur so kann mich Gott gebrauchen und fit machen für den wichtigsten Kampf: den Kampf um die Verbreitung des Glaubens. Das mit meiner Frau gemeinsame tägliche Lesen im Wort Gottes hat mein Herz für die frohe Botschaft geöffnet, dass ich das ewige Leben heute schon habe! Nur muss ich zugreifen, dieses große Geschenk annehmen und meinem himmlischen Vater allein (!) die Ehre geben. Zum ewigen Leben sind alle berufen, die sich ohne Wenn und Aber zu Christus bekennen.

Wenn ich zurückschaue, dann ist das mit der Konfirmation so eine Sache. Klar, meine Eltern haben mich christlich erzogen und von klein auf in die christliche Gemeinde eingebunden. Dafür bin ich ihnen wirklich sehr dankbar! Aber so richtig gefragt hat mich kein Mensch, wie es in mir aussieht, womit ich vielleicht nicht klarkomme und ob wirklich mein Herz für Jesus brennt. Vierzehn Jahre – ein schwieriges Alter. Und dann auch noch ein traditioneller Entscheidungszeitpunkt. Im Rückblick auf meinen Konfirmationsgottesdienst frage ich: Ist es okay, wenn jungen Menschen, die in einer schwierigen Lebensphase stehen, ein Bekenntnis abgerungen und der Segen Gottes im Gießkannenprinzip verabreicht wird? Ein Bekenntnis ist doch eine ganz persönliche Angelegenheit!? Es entscheidet über Leben und Tod! Bei der Kindstaufe haben mich meine Eltern stellvertretend Gott gebracht. Gott sei Dank hatte ich gläubige Eltern! Aber bin ich mit den paar Tropfen Wasser vor dem ewigen Tod gerettet? Eher nicht! Denn im Markusevangelium 16, Vers 16 steht: »Wer da glaubt und getauft wird, der wird selig werden; wer aber nicht glaubt, der wird verdammt werden.« Allein durch den Glauben (nicht durch Werke), allein durch Christus (nicht durch Kirchen), allein durch die Schrift (nicht durch Traditionen), allein durch die Gnade Gottes (nicht durch eigenes Tun) steht mir der Himmel offen. Die Frage für mich als Christ ist nicht »Kann ich mit meinem Leben vor anderen Menschen bestehen?«, sondern »Kann ich mit meinem Leben vor Jesus Christus bestehen?«. Ich möchte Mut machen zum Nachdenken, Beten und Bekennen.

Christian Schönfeld, 1958 in Zwickau geboren, ist Pfarrer und seit 2004 Direktor der Diakonie Sachsen.

Der Herzspezialist

Gott kennt eure Herzen.
Lukas 16, Vers 15

Kennen Sie das auch? Je älter ich werde, umso mehr bin ich auf Menschen fixiert, die etwas von ihrem Fach verstehen. Technische Geräte kaufe ich in der Regel dort, wo ich den Eindruck habe: hier werde ich gut beraten. Unser Auto bringe ich in eine kleine Werkstatt, wo ich den beiden Monteuren direkt sagen kann, was los ist. Und zum Zahnarzt nehme ich einige Kilometer auf mich, weil ich mich bei ihm professionell behandelt fühle. Fachleute, zu denen man Vertrauen besitzt, sind Gold wert.

So ein Spezialist begleitet mich nun schon ein Leben lang: einer, der mein Herz kennt. Das ist keine ärztliche Koryphäe und kein Professor für Psychotherapie. Es ist jemand, der mich durch und durch kennt. Anfangs war mir das gar nicht so klar, erst im Laufe der Zeit habe ich erkannt, was ich an ihm habe. Ein Angelpunkt war dabei meine Konfirmation 1973. Ich wurde – wie wohl viele Pfarrerskinder – von meinem Vater konfirmiert. Und er stellte uns Konfirmanden frei, sich einen eigenen Konfirmationsspruch zu wünschen. Zufällig bin ich da beim Lesen der Losungen auf einen Monatsspruch gestoßen, der mich angesprochen hat. Der Inhalt des Spruches hat mich zunächst weniger interessiert als

139

seine Kürze. Denn es sind nur vier Worte. Und da war ich mir sicher: Die kannst du dir gut merken.

Später als Gemeindepfarrer ist mir wichtig gewesen, Konfirmanden möglichst kurze Sprüche auf ihren Lebensweg mitzugeben, soweit sie nicht selbst ihren Spruch wählen wollten. Wobei ich zugebe: Meinen Spruch konnte ich nicht toppen. Ich habe diesen Spruch nie an andere »weitergegeben«. Warum eigentlich? Wahrscheinlich war es das Gefühl, dass dieser Spruch mich begleiten soll. Und er ist mir immer wieder begegnet. Im Laufe der Lebensjahre immer intensiver, weil ich – wie gesagt – Spezialisten schätze. In diesen vier Worten werde ich auf meinen Herzspezialisten hingewiesen. Von Anfang an hat mir gefallen, dass Gott mein Herz kennt. Denn da gibt es heftige Berg- und Talfahrten. Zeiten, auf die ich dankbar und stolz zurückblicke, aber auch Phasen, die mich unsicher machen und mir Angst bereiten. In diesem Auf und Ab werde ich erinnert: Gott kennt meine Gemüts- und Gefühlslage. Für einen Herzspezialisten ist das wohl reine Ehrensache. Er weiß, wie es um mich steht. Letztlich weiß er es sogar besser, als ich es selbst von mir weiß. Beruhigend finde ich das, so einen Experten zu haben.

Sicher, im Zusammenhang des Lukasevangeliums werden diese vier Worte einer Selbstgerechtigkeit der Pharisäer gegenübergestellt. Im Sinne von: Ihr könnt Gott nichts vormachen, Gott kennt euch! Aber genau genommen ist es ja auch naiv, Gott etwas vorspielen zu wollen. Das gelingt uns vielleicht Fremden gegenüber. Doch Hand aufs Herz: Fühlen wir uns nach solchen »Vorstellungen« wohl? Ist es letztlich nicht viel schöner, wenn wir »echt« bleiben können? Wenn wir so sein können, wie wir sind? Wenn wir unsere Stärken und Schwächen zeigen dürfen? Und vor allem: wenn wir auch dann von anderen akzeptiert werden?

Ein großes Lernfeld ist zum Beispiel die Ehe. Es ist zugleich eine starke Kraftquelle, wenn uns diese gegenseitige Annahme gelingt. Dass das nicht immer der Fall ist, weiß jeder. Insofern besitzt mein Konfirmationsspruch letztlich eine tiefe Bedeutung über alle menschlichen Beziehungen hinaus. »Gott kennt eure Herzen«, das heißt: Gott, der uns seine Liebe in Jesus Christus vor Augen gestellt hat, will auf unserer Lebensreise ein Fixpunkt sein, bei dem wir immer wieder andocken können. Bei allen Veränderungen bleibt er der unverändert uns Zugewandte. Derjenige, der uns helfen will, dass wir behütet durch die Zeiten hin in seine Ewigkeit kommen. Ich bin dankbar für diesen Herzspezialisten!

Stefan Seidel, Jahrgang 1978, ist evangelischer Theologe und freier Journalist in Leipzig.

Deftiges und Provokatives

*Ermahne die, die im Sinne dieser Welt reich sind, nicht über-
heblich zu werden. Sie sollen ihr Vertrauen nicht auf etwas so
Unsicheres wie den Reichtum setzen, der wieder zerrinnen
kann, sondern auf Gott, der uns alles reichlich gibt, wenn wir
es brauchen.*
1. Timotheus 6, Vers 17

Mai 1993. Ich sitze in meinem Zimmer und durchblättere die
Bibel. Ich bin auf der Suche nach einem Konfirmationsspruch.
Was soll mich begleiten? Trost, Gnade, Hoffnung? Die üblichen
Bibelstellen für Taufe und Konfirmation erscheinen mir weich-
gespült. Ich möchte etwas Besonderes, etwas Deftiges, vielleicht
auch etwas Provokatives. Ich traue diesem Spruch einiges zu. Er
ist doch so etwas wie der Wahlspruch für den weiteren Lebensweg.
Plötzlich bleibe ich hängen. Unter der Überschrift »Mahnung
an die Reichen« stehen markige Worte. »Ermahne die, die
im Sinne dieser Welt reich sind, nicht überheblich zu werden«
(1. Brief an Timotheus 6, Vers 17). »Wow«, denke ich begeistert,
»solche politischen Sprüche finden sich in der Bibel?« Statt am
irdischen Reichtum zu kleben, sollen wir auf Gott vertrauen,
heißt es weiter. Das überzeugte mich. Mein Gerechtigkeits-

empfinden war schon immer stark ausgeprägt. Ich wählte den Spruch und fiel damit etwas aus der Reihe.

Doch bald schon war mir die prophetische Leidenschaft dieses Spruches unangenehm. Wer bin ich denn, dass ich hinausgehe und die Reichen ermahne? Steckt nicht gerade darin eine Überheblichkeit? Etwas neidisch hörte ich in den nächsten Jahren bei Konfirmationen auf die tröstlichen und erbaulichen Psalmworte der Konfirmanden. Warum musste ich mir diese vollmundige Reichtumskritik auf die Fahnen schreiben? Trägt das etwa durch's Leben? Ich beschloss, meinem rebellischen Konfirmationsspruch keine weitere Beachtung mehr zu schenken.

Doch nun, 15 Jahre nach meiner Konfirmation, stelle ich fest: Dieser Spruch ist tatsächlich zu einem Wahlspruch für mein Leben geworden. Nie konnte ich mich damit abfinden, dass die Schere zwischen Arm und Reich immer weiter auseinandergeht. In meinem Theologiestudium wählte ich als Schwerpunkt Wirtschaftsethik. Bei Professor Ulrich Duchrow lernte ich, wie der globale Kapitalismus funktioniert und welch schreiende Ungerechtigkeiten er hier und weltweit hervorbringt. Ich war und bin empört. Und enttäuscht von den vielen Theologen, die sich nicht für Fragen wirtschaftlicher Gerechtigkeit zuständig fühlen. In einer Zeit, in der das Geld zum höchsten Wert aufsteigt, erscheint mein Konfirmationsspruch aktueller denn je: »Sie sollen ihr Vertrauen nicht auf etwas so Unsicheres wie den Reichtum setzen, der wieder zerrinnen kann, sondern auf Gott.«

Gibt es so etwas wie eine Beauftragung durch bestimmte Bibelworte? Ich entdecke meinen Konfirmationsspruch neu. Vielleicht trug er dazu bei, dass ich dem Christentum etwas zutraue. Dass ich dabei blieb. Dass ich Gott nicht aus den Fragen der Welt ausklammere. Dass ich Gott als einen Gott des Lebens sehe. »Ermahne die Reichen!« Der prophetische Eifer dieses Wortes bleibt mir unbehaglich. Und ich bin froh, dass mein Konfirmationsspruch auch einen erbaulichen Teil hat. »Sie sollen ihr Vertrauen auf Gott setzen, der uns alles reichlich gibt, wenn wir es brauchen.« Und so hält dieser Spruch wohl die zwei

Seiten des christlichen Lebens zusammen – Kampf und Besinnung, Widerstand und Ergebung, Beten und Tun des Gerechten (Bonhoeffer). Mein Spruch vertröstet nicht auf eine bessere Welt. Und gerade deshalb ist er tröstlich.

Uwe von Seltmann, Jahrgang 1964, ist evangelischer Theologe, Journalist, Buchautor und seit 2004 Chefredakteur der evangelischen Wochenzeitung »Der Sonntag«.

Eine Autobahn im Ohr

Meine Seele ist stille zu Gott, der mir hilft.
Psalm 62, Vers 2

Es ist gegen drei Uhr in der Nacht, als mir plötzlich mein Konfirmationsspruch in den Sinn kommt. Ich kann mich nicht erinnern, dass er mich zuvor berührt hat. Bis dahin hatte ich ihn hingenommen als etwas, das mir zwar gegeben war, aber das mich letztendlich nicht betraf. Gewiss hatte ich immer wieder mal gebetet: »Lieber Gott, hilf!«, vor allem als Kind, in für mich aussichtslosen Situationen. Doch der erste Teil des Verses, »meine Seele ist stille zu Gott«, war mir fremd geblieben.

In jener Nacht, die noch gar nicht so lange her ist, wälze ich mich im Bett herum und kann nicht mehr einschlafen. Ein unangenehmes Geräusch im linken Ohr raubt mir die Ruhe. »Oh Gott«, denke ich, »hoffentlich ist das kein Tinnitus!« Schreckensbilder tauchen vor meinem inneren Auge auf, Horrorgeschichten von Leuten, die das ununterbrochene Brummen und Fiepen im Ohr in den Wahnsinn oder gar in den Selbstmord getrieben hat. Nie mehr Stille, denke ich, das ist doch unerträglich! Ein innerer Lärm, den nur du hörst, aber niemand anders, das muss dich doch verrückt machen. Eine vielbefahrene Straße im Ohr zu haben ... Ich schüttele mich und beschließe wieder einmal, mein Leben zu ändern, etwas kürzer zu treten, weniger Stress – in der Hoffnung, dass es nicht zu spät sei.

Und mit einem Mal sind da diese Worte »meine Seele ist stille zu Gott«. Wie kann das gehen: eine stille Seele zu haben? Und dann auch noch *zu* Gott? Nicht *vor* Gott, sondern *zu* Gott. Ist das nicht eine Unmöglichkeit? *Vor* jemandem stille zu sein, das kann ich verstehen, das hat jedes Kind tausendfach gehört: »Sei endlich still!« Oder: »Kannst du nicht endlich still sitzen?« Aber zu jemandem still zu sein?

Meine Gedanken beginnen zu wandern, zurück in eine Wüstennacht allein am erloschenen Lagerfeuer. Kein Laut war zu hören, doch die Stille war beängstigend und bedrohlich. Sie war ohrenbetäubend, denn das Blut rauschte wie ein Wasserfall durch die Adern und das Herz klopfte wie ein Dampfhammer. Es war keine himmlische Ruhe, sondern eine Höllenstille. Die totale Konfrontation mit mir selbst. Und ich hatte nichts zum Betäuben. Und jede Flucht war aussichtslos, weil um mich herum nichts war als Sand, Steine und Stille, Stille, Stille.

War meine Seele in dieser Wüstennacht stille zu Gott? Ich erinnere mich, dass ich irgendwann, nachdem mein Leben wie ein Film an mir vorübergezogen war, zu einer seltsamen Ruhe fand. Den Sternen und dem Himmel näher als dem kargen Boden, aus dem die Kälte in meinen Körper kroch. Ich fühlte mich geborgen, getragen, gehalten, eins mit mir selbst, mit der Natur, mit dem Schöpfer. Befreit von allen Zwängen und Fesseln, vollkommen losgelöst.

Vielleicht ist es das, was meine Seele stille zu Gott macht? Ihm losgelöst gegenüberzutreten, losgelöst von all den vielen Worten, die ich so gerne von mir gebe. Mich nicht zu rühmen oder zu rechtfertigen, mich nicht zu beklagen oder zu beschweren. Sondern zu schweigen. Und mich zu öffnen. Und zu hören beginnen. Zum Beispiel darauf, dass er ein Gott ist, der mir hilft. Und diese Hilfe dann auch anzunehmen.

Das ist leichter gedacht als getan. Vor allem, wenn die erste Straßenbahn ratternd den neuen Tag ankündigt, von dem ich weiß, dass es kein stiller Tag werden wird. Draußen wird es allmählich so laut, dass es das Brummen im Ohr übertönt. Während ich überlege, ob ich das Fenster schließen soll oder nicht, fällt mir eine Begegnung in einem ägyptischen Wüstenkloster ein. Auf meine Frage, womit denn die Mönche ihren Feierabend verbringen, bekam ich die Antwort: »Dann gehen wir in der Wüste spazieren und erfreuen uns an der Stille.«

Es hat lange gedauert, fast drei Jahrzehnte, bis mir mein Konfirmationsspruch nahegekommen ist – mein Spruch für die zweite Lebenshälfte.

Evamaria Taut, 1932 in Wien geboren, ist ordinierte Pfarrerin und ehemalige Leiterin des Amalie-Sieveking-Hauses in Radebeul.

Die Entdeckung eines Heidenmädchens

Ihr wisst, dass ihr nicht mit vergänglichem Silber oder Gold erlöst seid von eurem nichtigen Wandel, sondern mit dem teuren Blut Christi als eines unbefleckten Lammes.
1. Petrus. 1, Verse 18 und 19

Kann das wirklich ein Konfirmationsspruch sein? Ja, so habe ich ihn bekommen. Seine Berufung auf die Erlösung durch Jesus Christus hat Gewicht und Trost. Aber mit dem nichtigen Wandel und einem Freikauf – wer sollte damit etwas anfangen? Kann eine Konfirmandin, die getreulich zur Schule geht und im ärmlichen Alltag der Vierzigerjahre auf der Suche nach einem kultivierten Leben ist, sich da irgendwie persönlich betroffen fühlen? Nein, nicht ohne große Schwierigkeiten! Wie kam es dazu? In den ersten Jahren nach dem Ende des Krieges herrschten recht unklare Verhältnisse, auch auf kirchlichem Gebiet. Wir lebten in Wien in einem durchaus katholischen Land, waren aber schon immer evangelisch gewesen. Allerdings als typische »Karfreitagschristen«, also Leute, die nur zweimal jährlich den Gottesdienst besuchten. Nämlich dann, wenn die Katholiken das nicht taten, am Karfreitag und zum Reformationstag. An so einem Reformationsgottesdienst, wir waren natürlich auch zu spät gekommen, hörten wir gerade noch nach der Predigt, dass die Anmeldung zur Konfirmation im nächsten Frühjahr noch möglich war. Ich war vierzehn Jahre alt, und meine Mutter entdeckte also, dass ich wohl angemeldet werden sollte.

Die erste Konfirmandenstunde meines Lebens beeindruckte mich tief. Da waren mehr als dreißig Mädchen zusammengekommen, für die Buben gab es einen anderen Termin. Es wurde gesungen, von Jesus Christus und seinen Jüngern erzählt und dann auch noch gebetet. Für mich öffnete sich eine neue und großartige Welt. Nun waren wir ja Großstadtkinder, gingen oft ins Theater, waren mit der neuesten Literatur vertraut – aber hier, in der Kirche, gab es etwas ganz anderes. Ich kramte zu Hause eine kleine alte Bibel meiner Urgroßmutter hervor, in Leder gebunden, mit Metall beschlagen, gedruckt 1837. Die war meine Quelle, um christlichen Glauben zu erfahren. Jeden Abend las ich ein Kapitel, dachte darüber nach, was es für mich bedeutete. Sicher würde ich heute entsetzt sein, was für Gedanken diesem kleinen Heidenmädchen beim Bibellesen kamen. Mein Leben war vollkommen verändert: Ich hatte Jesus Christus für mich entdeckt. Ich ging von nun an auch jeden Sonntag in den Gottesdienst und hatte meinen festen Platz auf der Empore. Die Predigten fand ich manchmal gut oder auch weniger gut. Und was im Konfirmandenunterricht gesagt, gelernt und abgefragt wurde, weiß ich nicht mehr. Es war mir auch nur eine Ergänzung zu meiner wichtigsten Entdeckung, dem Neuen Testament. Mein ganzes Leben richtete ich vom Glauben her aus. Ich gehörte auch noch zur Bach-Gemeinde, wo das ganze Jahr an den großen Werken gearbeitet und geprobt wurde. Auch das gefiel mir sehr. Und jetzt wieder zum Spruch, der hier obenan steht. Der Pfarrer hatte sich offensichtlich nicht die Mühe gemacht, einzelne Jugendliche mit den Sprüchen zu verbinden, die er da herausgesucht hatte. Ich bin ganz sicher, dass er mich nie persönlich wahrgenommen hatte, als er mir diesen Spruch zuteilte. – Nach der Konfirmation ging ich natürlich auch in die Junge Gemeinde, wo ich gute Freundinnen fand, die sich bewusst zur Kirche hielten. Ich entschied mich für das humanistische Gymnasium, wo man als Fremdsprachen Latein und Altgriechisch lernte. Denn ich war entschlossen, Theologie zu studieren. Dabei war mein besonderes Interesse, die Botschaft des Neuen Testaments auch ganz modernen, naturwissenschaftlich denkenden Menschen nahezubringen und auch in der philosophischen Diskussion eine Stellung beziehen zu können. Ich fing mein Studium an und war sehr begeistert von den wissenschaftlichen Einsichten der damaligen theologischen Größen. Ich war eine Studentin, die eigentlich täglich etwas Neues entdeckte. – Mein Leben nahm aber dann eine unerwartete Wendung. Ich lernte einen älteren Mitstudenten kennen, der noch am Krieg teilgenommen hatte. Wir verliebten uns und heirateten. So wurde ich Pfarrfrau.

Wolfgang Tost, geboren 1954 in Mildenau, ist Liedermacher und Referent für Jugendmusik beim sächsischen Landesjugendpfarramt.

Zwischen Singeclub und Junger Gemeinde

Fürchte dich nicht, denn ich habe dich erlöst; ich habe dich bei deinem Namen gerufen; du bist mein!
Jesaja 43, Vers 1

Aufgewachsen bin ich in einer traditionell christlichen Familie. Ich hatte eine behütete und schöne Kindheit. Sonntags ging ich mit meinen Eltern mehr oder auch weniger gern zum Gottesdienst. Ich war in der Christenlehre, später im Konfirmandenunterricht und bekam immer gute Noten für das theoretische geistliche Wissen (bei uns gab es noch Zensuren!).
Ebenso beteiligt war ich in den Organisationen der Schule: Jungpioniere, Thälmann-Pioniere, Freie Deutsche Jugend (FDJ). Ich ging zur Jugendweihe und ein Jahr später wurde ich konfirmiert.
Meine Eltern wollten, dass ich es im Leben zu etwas bringe und mir keine Steine in den Weg gelegt werden. Ich ging auf die Erweiterte Oberschule und sang im FDJ-Singeclub der Schule. Ein Freund nahm mich auf eine Rüstzeit der kirchlichen Jugendarbeit mit. Hier lernte ich junge Leute kennen, die täglich in der Bibel lasen, miteinander beteten und versuchten, ihren Glauben im täglichen Leben anzuwenden. Mir wurde klar, dass ich zwar ein großes Fachwissen hatte, aber den Glauben nicht

lebte. Ich schaute genauer hin, ob dieses geistliche Verhalten nur aufgesetzt oder lebenswert und ehrlich war. In mir wurde die Sehnsucht immer stärker, auch so bewusst als Christ zu leben.

Ich wendete mich an einen Leiter der Rüstzeit, zu dem ich Vertrauen hatte und wir sprachen über meine Lebensfragen und meine Sehnsucht nach einem bewussten Leben mit Gott, auch im alltäglichen Leben, ohne bestimmte Lebensbereiche auszugrenzen. Dabei wurden mir auch Dinge bewusst, die vor Gott nicht in Ordnung waren. Ich legte sie im Gebet Gott vor die Füße, bat ihn um Vergebung und der Leiter sprach mich im Namen Jesu frei von aller Schuld und segnete mich. Danach war ich erleichtert, fröhlich und befreit!

Ich erinnerte mich an meinen Konfirmationsspruch und er wurde in mir ganz neu lebendig. Ich hatte ihn mir nicht selbst ausgesucht, der Pfarrer hatte ihn für mich gewählt. Dieses Bibelwort war für mich bei späteren Entscheidungen Ermutigung, Trost, Zuspruch, Kraftquelle und Lebenshilfe zugleich. Mir wurde bewusst, dass das »Ja« zur Konfirmation nur ein Lippenbekenntnis war und erst jetzt zur Herzenssache wurde.

Durch diesen Glaubensschritt erkannte ich, dass ich mich nicht gleichzeitig kirchlich engagieren kann und weiterhin im FDJ-Singeclub und in den atheistischen Organisationen sein kann. Es dauerte bestimmt ein halbes Jahr, bis ich mich überwand und nach einem Gespräch mit dem Leiter des Singeclubs und dem Direktor der Schule, der unser Förderer war, aus dem Singeclub austrat. Dadurch hatte ich meinen Schritt zum bewussten Leben mit Gott zum ersten Mal öffentlich in der Schule bekannt. Der Direktor wollte mich danach nicht mehr kennen, aber gerade durch diese bewusste Haltung gewann ich andere Freunde. Das Wort »Fürchte dich nicht!« war in dieser Zeit ein mutmachender Spruch, der sich bei allen Auseinandersetzungen tief einprägte und mir in kritischen Situationen half.

Wenn Gott den Zugang zu allen Lebensbereichen bekommt, in das Unterbewusstsein und die Gedankenwelt, mein Wünschen und Wollen durchdringt, wenn er mein Gewissen bestimmt, dann werde ich sensibler und hörend für das, was er von mir will. Ich wünsche jeder und jedem, die konfirmiert werden, dass das »Ja« zu Gott mit dem persönlichen Glaubensleben identisch ist und im Alltag gelebt wird.

Ich habe später ein Lied geschrieben, das diesen Gedanken aufgreift. Im Refrain heißt es:

Als Christ bewusst zu leben, ist spannend, schwer und schön.
Entscheide dich für Jesus, dann wirst du mich verstehn.
Entscheide dich für Jesus, dann wirst du mich verstehn.
Und wenn du denkst: »Da läuft nichts!
   Ich mach' bei euch nicht mit!«
   Lass deine Vorurteile sein
   und wag' den ersten Schritt.
Und wenn du sagst: »Nein, danke!
   Ich leb' auch so ganz gut!«
   Lass deine Ablehnung doch sein,
   ich mach' dir dazu Mut.
Und wenn du meinst: »Mal langsam!
   Das hat ja wohl noch Zeit!«
   Lass doch dein Zögern endlich sein,
   sei jetzt dazu bereit.

Friedhelm Wachs, 1963 in Berlin geboren, lebt in Leipzig, ist international aktiver Unternehmer und Sprecher der Arbeitsgemeinschaft Evangelischer Unternehmer (AEU) in Mitteldeutschland.

Die unendliche Kraft Gottes

Ich schäme mich des Evangeliums von Christus nicht, denn es ist eine Kraft Gottes, die alle befreit, die daran glauben.
Römer 1, Vers 16

Aufgewachsen bin ich in einer Baptisten-Familie. Ungetauft, anders als die anderen Evangelischen. Als alle in den Konfirmandenunterricht gingen, wollte ich zwar nicht mit, aber doch auch irgendwie dazugehören. Mit der Pubertät kam der Glaube. So ließ ich mich mit knapp 13 Jahren taufen. Mein Taufspruch, den mir mein Pastor damals zudachte, entwickelte sich für mich zur Wasserscheide meines Glaubenslebens mit Gott, Kirche und der Welt. Darin hatte ich durchaus Phasen heißen und missionarischen Brennens für das Evangelium und Phasen des Zweifels und Suchens.
Auch als Unternehmer bin ich durch Höhen und Tiefen gegangen. Anders als landläufig unterstellt, haben Unternehmer eben nicht nur gute Zeiten und ein Leben aus dem Füllhorn. Den Chancen stehen auch große Risiken gegenüber. Manche Tiefen enthielten substanzergreifende Ängste, wenn beispielsweise die Grenze der Kreditlinie noch 70 Pfennige entfernt war, aber Rechnungen und Löhne in fünfstelliger Höhe fällig waren. Großkunden hatten nicht bezahlt, der Klageweg war lang. Trä-

154

nen prägten die Nächte. Längere Zeit lebte ich von weniger als dem Sozialhilfesatz. Wo war mein Gott? Zweifel stiegen auf.

Nicht nur aus dem Evangelium, auch im täglichen Leben öffnete sich dann immer wieder, oft unerwartet, ein Weg, der mich wieder ein Stück mehr in meinem Glauben bestärkte.

Die andere Seite des Unternehmertums, gerade wenn erhebliche Gewinne erarbeitet werden, steht in den Kirchen nicht selten in der Kritik (es sei denn, es geht um das Anwerben von Spenden). Sind hohe Gewinne mit dem Evangelium vereinbar? Können erfolgreiche Unternehmer Christen sein? Ist es unchristlich, wenn beispielsweise Christopher Hohn mit dem Children's Investment Fund (TCI) Firmenkonglomerate wirtschaftlicher organisieren will und deshalb zerschlägt? Darf man das, wenn einerseits tausende Menschen mit Entlassungen einem beängstigenden Veränderungszwang unterworfen werden und andererseits mit dem so erwirtschafteten Gewinn Kinder in den ärmsten Regionen überhaupt erst eine Zukunft erhalten, manchmal sogar erst die Chance zum Überleben?

Auch hierfür bietet das Evangelium einen Handlungsrahmen. Schon in der Nachfolge Jesu hat der reiche Eigentümer mit der Aufgabe seines Besitzes auch seine Sklaven und Mitarbeiter einem Veränderungszwang unterworfen. Als Unternehmer schäme ich mich dieses Evangeliums nicht.

Barmherzigkeit und Nächstenliebe dokumentiert die Bibel ausschließlich als aktive, willentliche Handlungen des Gebens. So ist es folgerichtig, dass auch wir Unternehmer im Rahmen unserer wirtschaftlichen Möglichkeiten aktive Nächstenliebe betreiben und jenen Menschen helfen, die sich selbst nicht zu helfen wissen.

Mikrokredite sind ein Beispiel für unsere Möglichkeiten, Hilfe zur Selbsthilfe zu leisten. Nobelpreisträger Muhammad Yunus hat mit der 1983 gegründeten Grameen Bank gezeigt, wie man Brot teilt, vermehrt und wie dem Gleichnis folgend aus einem einzigen Brotlaib ein nicht enden wollender Strom an Nahrung entsteht. Auch Warren Buffett und Bill Gates haben mit der

Melinda-und-Bill-Gates-Stiftung inzwischen mehr gespendet als manche Staaten in der Entwicklungshilfe je aufwenden werden, meist für die Bereitstellung von Impfstoffen, die Bekämpfung der Malaria und weitere Gesundheitsprojekte in Entwicklungsländern in Afrika und Asien.

Es ist christlich, Gewinne zu machen. Bei ihrer Verwendung richte ich mich, wie viele andere christliche Unternehmer, nach dem Evangelium. Auch hier trägt mich mein Taufspruch.

Am Ende geht es aber nicht nur um unsere Zeit auf diesem Planeten.

Diese Kraft des Evangeliums durfte ich auch spüren, als meine jüngste Schwester an Brustkrebs starb und ich sie mit meiner Familie in ihrer letzten Woche in den Tod begleitete. Da starb ein junger Mensch, kirchlich engagiert, fest im Glauben. Der Tod machte ihr zunächst Angst. Als die Metastasen ihre Lungen verklebten, verlangte sie nach mehr Sauerstoff, um weiterzumachen. Leben und Tod wechselten sich in der letzten Woche ab und rangen um diese junge Frau, die nicht gehen wollte, weil sie ihre Mission auf dieser Welt noch nicht als erfüllt ansah. In einer Nacht war sie für uns sichtbar auf dem Weg zu ihrem Gott. Als sie am Morgen wieder erwachte und mit uns sprach, erzählten wir ihr, wie sie ausgesehen hatte. Da erklärte sie uns: »Wenn das der Tod ist, dann habe ich keine Angst mehr. Ich fühlte mich geborgen.« Es war Gott, der sie innerlich befreite, der ihr die Angst nahm. Es war ihr Glaube an die Kraft des Evangeliums, der sie gehen ließ. Genau diese Kraft hatte sie genutzt, als ihr drei Monate zuvor ein Arzt riet, alles Wichtige in den folgenden acht Wochen zu erledigen, da jeder Tag danach ein Geschenk sein werde. Statt sich voll sinnloser Hoffnung und Angst der Gerätemedizin und gut gemeinten medizinischen Experimenten hinzugeben, nutzte sie diese acht Wochen für eine Abschiedstournee bei Familie und Freunden. Ihren Vertrauensärzten und uns gab sie in dieser Zeit freie Hand, sich mit jedem offen zu unterhalten, der eine lebenserhaltende Idee hatte. Und wenn es denn ihre Vertrauensärzte für richtig hielten, würde sie jederzeit und sofort diese Reise abbrechen, um sich in weitere medizinische Behandlung zu begeben. Es gab keine Anrufe. Nur im Glauben und Vertrauen auf die Zukunft reiste sie, tröstete uns und diejenigen, die sie zurücklassen musste, mehr, als dass wir sie trösten konnten. Da war sie wieder, diese unendliche Kraft Gottes, vermittelt durch das Evangelium, die jeden befreit, der daran glaubt.

 **Andreas Weigel**, geboren 1964 in Werdau, ist seit 2002 für die SPD im Bundestag und ehrenamtlich im diakonischen Bereich tätig.

Macht und Ohnmacht

Lehre mich tun nach deinem Wohlgefallen, denn du bist mein Gott; dein guter Geist führe mich auf ebener Bahn.
Psalm 143, Vers 10

Palmsonntag 1979, ein kühler Apriltag, wir waren sechs Konfirmanden. Fünf von ihnen sogenannte Nachkonfirmanden, Schüler aus der neunten Klasse. Mir aus unserer Dorfschule noch bekannt, aber bereits seit einem Jahr auf der weiterführenden Schule in der benachbarten Kreisstadt. Aus meinem Jahrgang war ich der Einzige.

Mit der Konfirmation kreuzten sich unsere Wege und für einige von uns war es der Beginn einer längeren, über Jahre andauernden Freundschaft, hervorgerufen und begründet durch die aktive Mitarbeit in der Jungen Gemeinde.

Die Junge Gemeinde in unserem 700-Seelen-Dorf hatte damals noch gut 25 ständige Mitglieder und an guten Tagen waren es schon mal 40, die zusammenkamen. Im Königswalde der 80er-Jahre nichts Besonderes. Königswalde war bekannt durch das zweimal im Jahr stattfindende christliche Friedensseminar. Entstanden durch engagierte Christen aus der Jungen Gemeinde des Ortes und Bausoldaten aus ganz Westsachsen. Ich bin damals hineingewachsen in diese Arbeit. Geprägt durch mein Elternhaus und das, was ich im Umfeld der Friedensseminare erlebt habe. Es war für mich eine Selbstverständlichkeit, als Christ weder den Pionieren noch der FDJ anzugehören, konfirmiert zu werden und nicht die fragwürdige Alternativveranstaltung Jugendweihe zu besuchen.

Bereits wenige Wochen nach meiner Konfirmation arbeitete ich im Leitungskreis der JG mit. Später übernahm ich die Leitung und engagierte mich in der Jugendarbeit der Landeskirche Sachsen. Wenige Tage nach der Geburt unseres zweiten Sohnes übergab ich die Leitung am denkwürdigen 9. November 1989 in jüngere Hände.

An Rückzug ins Familiäre war jedoch nicht zu denken! Keine vier Wochen später übernahm ich die Moderation des Runden Tisches im Kreis Werdau als Vertreter der Kirche, und mein Leben mit und in der Politik begann. Für mich eine logische Fortführung meiner bisherigen Arbeit.

Christsein hieß und heißt für mich, politisch zu sein. Fürsprecher zu sein für Menschen, die nicht selbst dazu in der Lage sind. Moderator zu sein, wenn scheinbar unüberbrückbare Gegensätze aufeinanderstoßen. Verantwortung zu übernehmen, um Dinge zu verändern, die Leben verbessern.

Als im März 1990 aus den Runden Tischen frei gewählte Parlamente wurden, habe ich Verantwortung beim Aufbau diakonischer Arbeit übernommen als Geschäftsführer der Johanniter-Unfall-Hilfe, später kamen politische Funktionen hinzu: Bürgermeister meiner Heimatgemeinde, Fraktionsvorsitzender im Kreistag, Parteivorsitzender der SPD in Westsachsen. Seit der Bundestagswahl 2002 ist Politik nun mein Beruf.

Fünf Jahre spüre ich jetzt die Spannung zwischen Anspruch und Wirklichkeit, zwischen Kompromiss und Geradlinigkeit. Ich kenne die Grenzen des eigenen Handelns und weiß um die Gratwanderung, politische Mehrheiten zu organisieren, und Selbstverleugnung. Ich kenne die Reize der Macht, die Möglichkeit, selbst zu gestalten, und die Ohnmacht, wenn man gegen Mehrheiten ankämpft, da, wo es nicht um Argumente geht, sondern um Machterhalt.

»Und führe mich nicht in Versuchung ...« Ja, Politik hinterlässt Spuren. Einige sind sichtbar, andere nicht.

Ist es aber nicht gerade die Aufgabe von Christen, trotz aller Unzulänglichkeiten Verantwortung für unsere Gesellschaft auch da zu übernehmen, wo der Weg, der zu beschreiten ist, Spuren hinterlässt, auch bei uns selbst? Ist es nicht gerade das Wirken in der Welt für die Welt, die Gott will? Und wer, wenn nicht ein Christ, ist dafür besser geeignet? Es ist meine feste Überzeugung, dass uns durch Gottes Wort ein Kompass und eine Richtung gegeben ist, die uns durch die Irrungen der alltäglichen Kompromisse führt und Gradmesser für unser Handeln sein soll.

Seit meiner Jugend habe ich Verantwortung übernommen. Für mich bedeutet Christsein, tätig zu werden, für andere und damit für Gott. Mein Konfirmationsspruch – nicht immer war er mir gegenwärtig, aber in den 28 Jahren seit meiner Konfirmation ist und war er mir eine Aufforderung zum Handeln. Ich danke Gott, dass der Weg, auf dem ich gehe, zwar nicht immer geradlinig ist, aber nie zu einer schiefen Ebene wurde.